基于服务化的
装备制造企业
GVC
升级路径研究

张婧思 綦良群 ◎ 著

中国财经出版传媒集团
经济科学出版社
Economic Science Press

图书在版编目（CIP）数据

基于服务化的装备制造企业 GVC 升级路径研究/张婧
思，綦良群著 . -- 北京：经济科学出版社，2023.7
ISBN 978 - 7 - 5218 - 4976 - 9

Ⅰ . ①基… Ⅱ . ①张…②綦… Ⅲ . ①装备制造业 -
产业结构升级 - 研究 - 中国 Ⅳ . ①F426.4

中国国家版本馆 CIP 数据核字（2023）第 136898 号

责任编辑：崔新艳
责任校对：郑淑艳
责任印制：范 艳

基于服务化的装备制造企业 GVC 升级路径研究

张婧思 綦良群 著

经济科学出版社出版、发行 新华书店经销
社址：北京市海淀区阜成路甲 28 号 邮编：100142
经管中心电话：010 - 88191335 发行部电话：010 - 88191522
网址：www. esp. com. cn
电子邮箱：expcxy@ 126. com
天猫网店：经济科学出版社旗舰店
网址：http：//jjkxcbs. tmall. com
北京季蜂印刷有限公司印装
710 × 1000 16 开 12.75 印张 230000 字
2023 年 9 月第 1 版 2023 年 9 月第 1 次印刷
ISBN 978 - 7 - 5218 - 4976 - 9 定价：60.00 元
（图书出现印装问题，本社负责调换。电话：010 - 88191545）
（版权所有 侵权必究 打击盗版 举报热线：010 - 88191661
QQ：2242791300 营销中心电话：010 - 88191537
电子邮箱：dbts@ esp. com. cn）

本书受到国家自然科学基金项目"基于服务化的中国先进制造业 GVC 升级机理、模式及实现路径研究"（批准号：72074062）资助。

本书受到国家社会科学基金一般项目"全球价值链下中国高端装备制造业服务化升级机理、实现路径与保障政策研究"（批准号：18BJY102）资助。

本书受到省社科青年项目"双循环背景下基于服务化的黑龙江省装备制造企业转型升级路径研究"（批准号：22JLC293）资助。

本书受到新时代龙江优秀硕士、博士论文"基于服务化的装备制造企业 GVC 升级路径研究"（批准号：LJYXL2022 –088）资助。

前言

Preface

　　装备制造业作为我国建设制造强国和推进供给侧结构性改革的关键，其发展决定着我国经济的发展。复杂的国际形势为装备制造企业发展带来阻碍的同时，也暗含着发展的契机，并且装备制造企业长远发展一定是参与国际大循环的。因此，寻找并抓住发展契机，从全球价值链（global value chain，GVC）参与"客场"向治理"主场"转变，是我国装备制造企业摆脱窘迫现状并在GVC上获取优势的关键。服务化通过打通研发、生产、分配、流通等各环节的循环堵点，形成能够虹吸全球资源要素的市场效应，被认为是发展中国家未来参与国际经济合作和竞争的优势来源。我国的服务化起步较晚，但表现出了明显的发展潜力。由于外部市场需求持续萎缩，扩大内需迫在眉睫。服务化具有迎合不断扩张本土需求的天然属性，除此之外，服务化有了数字化、信息化的加持，其在全球范围内的发展也具备扎实的基础。但在服务化战略下，企业遵循何种规律、通过何种路径、采取何种方法实现GVC升级的问题却尚未得到解决。对这类问题的探究不仅符合现阶段我国对企业高质量、良性发展的根本要求，同时也是企业形成自主、独立、可持续竞争优势的核心诉求。因此，本书对基于服务化的装备制造企业GVC升级路径问题展开系统研究。

　　本书从多视角分析了服务化与装备制造企业GVC升级的关系，在此基础上界定了基于服务化的装备制造企业GVC升级内涵；通过分析基于服务化的装备制造企业GVC升级演化过程，构建了升级演化过程模型；运用扎根理论识别出"企业组织协同能力"和"服务资源整合能力"是装备制造企业GVC升级实现的关键因素，揭示了基于服务化的装备制造企业GVC升级机理，从而依据机理设计了要素结构驱动企业GVC升级演化的升级路径框架，并揭示了路径间的关系。

本书从路径基本分析、路径构建、路径运行三个方面对四条升级路径进行了系统的设计。在路径内涵、特征与构建思路分析的基础上，从"客企交互下的需求分析""两业融合下的服务需求整合""终端视角下的拓展式 GVC 升级"三方面构建了价值点拓展型 GVC 升级路径，并在路径运行稳定性分析基础上，分别构建了装备制造企业与客户、装备制造企业与生产性服务部门的演化博弈模型，揭示了价值点拓展型 GVC 升级路径运行策略；从"核心点位识别""核心点位辐射""技术群体结构下的跨越式 GVC 升级"三个方面构建了核心点位跨越型 GVC 升级路径，并在路径运行要素关系分析基础上，构建了影响因素间关系的结构方程模型，揭示了核心点位跨越型 GVC 升级路径运行策略；从"双重架构下的模块分工""面向系统性能的模块联动""全面联动下的延伸式 GVC 升级"三个方面构建了价值环节延伸型 GVC 升级路径，并在路径运行组织管理分析基础上，构建了企业模块间的要素联动模型，揭示了价值环节延伸型 GVC 升级路径运行策略；从"资源液化""共享互联系统""新治理形式下的重构式 GVC 升级"三个方面构建了链网重构型 GVC 升级路径，并在路径运行网络效应分析基础上，构建了超网络模型，揭示了链网重构型 GVC 升级路径运行策略。

构建了基于服务化的装备制造企业 GVC 升级路径的选择机制并分析了路径实现的保障策略。在依据升级机理设计路径选择思路的基础上，构建了路径指标体系，并设计了基于熵—TOPSIS—K - means + + 方法组合的路径选择方法。最后，从升级企业保障和环境保障两方面分析了装备制造企业 GVC 升级的保障策略。

本书系统梳理了基于服务化的装备制造企业 GVC 升级机理，并具体分析与构建了基于服务化的装备制造企业 GVC 升级的四条路径，通过分别构建路径运行模型，揭示了路径运行策略。在此基础上，设计了路径选择方法组合并分析了路径实现的保障策略。本书构建的符合我国国情的装备制造企业 GVC 升级体系深化了企业 GVC 管理理论并拓展了服务化理论，在一定程度上为我国装备制造企业全面且深入地实施服务化战略，加快转型进程，进而破解升级窘境提供了有效的解决思路与发展战略指引。

目　录
Contents

第1章 绪　论

1.1　研究背景

中国作为全球价值链（global value chain，GVC）体系中最大的参与者，依靠"进口—出口"的主要模式，在全球经济中获得了经济实力的迅速发展。然而伴随着人口红利的消失、低附加值制造业的退潮、全球贸易增长乏力，以往的 GVC 参与方式使我国装备制造企业陷入增长的困境。在这一情境下，我国提出要在动荡的外部环境下，集中力量办好自己的事。党的十九大报告也指出要推动经济发展质量变革、效率变革、动力变革，提高全要素生产率。与此同时，发达国家也在全力维护自身的 GVC 核心地位，例如，德国制定了《工业 4.0 推动智能制造计划》，美国制定了《制造业回流计划》，日本制定了《机器人新战略》规划等，中国产业发展正面临巨大的竞争与挑战，亟须深入探讨进一步的战略对策。

以上现状与政策都意味着，虽然复杂严峻的国际环境使支撑中国经济高速增长的传统动能日渐式微，但经济全球化深入发展的大趋势不会逆转，因而寻找并抓住发展契机是我国在 GVC 上争夺绝对优势的关键，中国的经济全球化也需要由"客场"向"主场"转变。装备制造业在高新技术、工艺设计、生产制造、营销管理等方面的配套综合能力强，是我国建设制造强国和推进供给侧结构性改革的关键。然而由于其长期以代工企业身份嵌入 GVC，因此其产业链和供应链的柔性不足，风险也较大，尤其在新冠疫情冲击下，这一特征表现得十分明显。但复杂的国际形势为装备制造企业发展带来阻碍的同时，也暗含着发展的契机。第一，发达经济体的资本回流行为将倒逼我国形成探求国内资源优化配置的转型升级道路。第二，单边保护主义使发展中国家依赖外部资源和低附加值制造获得收益的弊端进一步凸显的同时，也培育了企业通过调动本土高级、优势要素完成自身能力提升的主动性与独立性。第三，数字化、智能化、信息化产业的兴起与迅猛发展，使国际分工的驱动轨道和协作形态发生了本质性转变，为了生产复杂技术产品并提高创新效率，倒逼有限的资源重新参与编排，并向高附加值环节聚集。在全球分工动态重塑的过程中，发展中国家也容易通过掌握 GVC 控制权实现全面升级。

服务化通过打通研发、生产、分配、流通等环节的循环堵点，形成能够虹吸全球优质资源要素的市场效应，因此成为发展中国家未来参与国际经济合作和竞争的优势来源。服务化过程是大量的物质资源、信息资源与知识资源频繁交互的过程，因此可以突破有限实体资源的禁锢，获得可持续的价值增值能力。发达国家依托服务化实现本国企业在全球价值链上升级的成果丰厚，经验较多。在我国，服务化虽起步较晚，却显示出巨大的发展潜力。第一，在外部需求萎缩、内部需求迅速扩张的情形下，服务化得到了初期植根的土壤，伴随全球服务贸易的发展，服务业的国际市场优势逐渐凸显。第二，有了数字化、信息化的加持，服务业在全球范围内的发展潜力巨大。虽然服务化是装备制造企业 GVC 升级的有效且可行战略之一，但由于国家差异，我国尚未形成符合自身特点的服务化战略与服务化能力，这也导致相当一部分企业在参考其他国家的经验时，"服务化悖论"与"服务化陷阱"等现象频发。综合以上分析，有关"为什么"要在全球价值链上升级的问题已然明朗，但在服务化战略下，企业遵循何种规律、通过何种路径、采取何种方法能够实现 GVC 升级的问题尚未得到解决，而对这类问题的探究不仅符合现阶段我国对企业高质量、良性发展的根本要求，同时也是企业形成自主、独立、可持续竞争优势的核心诉求。

1.2　研究的目的和意义

1.2.1　研究的目的

基于研究背景分析，结合中国装备制造企业内部能力不足、外部升级环境复杂严峻这一现实情况，针对"基于服务化的装备制造企业 GVC 升级演化过程与路径研究"缺失的理论现状，本书以装备制造企业 GVC 升级为研究对象，以企业价值逻辑演化为理论依据，通过分析服务化与装备制造企业 GVC 升级的关系，揭示基于服务化的装备制造企业 GVC 升级机理，以此为基础，具体构建与运行装备制造企业 GVC 升级路径，并提出与之相应的路径选择方法和保障策略。

1.2.2 研究的意义

针对基于服务化的装备制造企业 GVC 升级路径研究，本书将研究意义归纳为两个方面。

1. 理论意义

完善服务化理论。目前针对服务化战略与类别的研究趋于成熟，针对企业 GVC 升级的研究趋于起步，但企业如何通过服务化战略获得 GVC 竞争优势、构建 GVC 升级路径，并揭示升级路径间关系的研究鲜有提及，尤其针对装备制造企业这一细分行业内企业的研究更为罕见。因此，本研究以战略视角揭示服务化的内涵与本质，并基于企业的 GVC 视角予以服务化理论延伸与拓展，并将研究对象锁定在装备制造企业上。因此，本书是服务化理论在具体细分企业类别视角下的补充，针对性与可借鉴性都更强。

拓展企业 GVC 管理理论。目前理论界开始呼吁针对企业的 GVC 管理研究，用以探索我国企业主动构建 GVC 所需要的资源、能力以及采取的具体方式与途径。本书基于服务化视角探索我国装备制造企业 GVC 升级的机理，将服务化视为企业获得 GVC 升级动能的有效途径与方式，并以此构建了符合我国国情的装备制造企业 GVC 管理与升级体系，丰富并深化了企业 GVC 管理理论。

2. 现实意义

更直观深入地指导中国装备制造企业开展服务化战略。本书拟在分析服务化与装备制造企业 GVC 升级关系的基础上，揭示企业基于服务化的 GVC 升级机理，并依据要素结构，划分企业 GVC 升级的基本路径，解释路径间关系。在企业的 GVC 治理视角下，为企业全面且深入地实施服务化战略、加快转型进程进而破解升级窘境提供有效的解决思路，以期获得符合我国装备制造企业自身能力的服务化战略，并得到最大的服务化效果。

指引我国装备制造业实现从 GVC 参与客体到参与主体的角色转变。针对全球经济开放进程下企业参与全球价值链的客观性，以及企业破解低端锁定的现实需要，对"基于服务化的装备制造企业 GVC 升级"的研究为我国企业虹吸全球优质资源、重塑 GVC 竞争优势提供了"能做什么""该怎么做""可能结果怎样"等有益企业发展的战略指引。

1.3　国内外研究现状及评述

本书以基于服务化的装备制造企业 GVC 升级路径为研究对象，对相关文献资料进行了整理分析，主要包括以下三个方面：（1）GVC 治理与装备制造企业升级研究；（2）服务化与制造企业 GVC 升级关系及机理研究；（3）基于服务化的装备制造企业 GVC 升级影响因素、方式与途径研究。

1.3.1　GVC 治理与装备制造企业 GVC 升级研究

装备制造企业的 GVC 升级研究目前比较受到学术界的关注，主要是源于 GVC 环境导致的 GVC 治理结构发生转变。企业的 GVC 升级被认为是我国装备制造企业破解低端锁定窘境、构建企业自身能力与 GVC 控制权的关键。因此，本书从 GVC 治理、制造企业 GVC 升级、装备制造企业 GVC 升级三个方面对现有研究进行梳理。

1. GVC 治理

国内外学者对 GVC 治理方面的研究主要集中在 GVC 治理体系和 GVC 治理结构与价值分配两个方面。

（1）GVC 治理体系。G. 格雷菲（G. Gereffi，1999）最早提出了企业在 GVC 条件下升级的概念，并将其定义为：发展中国家企业在嵌入 GVC 之后，转向更有利可图的分工环节和从事更为复杂的经济活动的过程。格雷菲（2005）与张辉（2004）等根据交易复杂性、信息可编译性、供应基础能力等将全球价值链的治理结构分为层级型、俘获型、关系型、模块型和市场型。这一分析框架虽然为发展中国家指明了企业转型升级的路径，然而更多时候企业仍旧是被限制在俘获型网络中的，此阶段的 GVC 治理分析并未涉及企业对治理权进行争夺的自主能力。S. 桥和 T. 斯特金（S. Ponte and T. Sturgeon，2014）以及 D. 戴维斯、R. 卡普林斯基和 M. 莫里斯（D. Davis，R. Kaplinsky and M. Morris，2018）提出了标准化的治理模式，并从微观、中观、宏观三个方面指出 GVC 中各主体部分扮演的角色以及他们是如何影响整条价值链的。Ea. 博勒、A. 莫克斯尼斯和 Kh. 乌尔特维特莫（Ea. Boler, A. Moxnes and Kh. Ulltveitmoe, 2015）则指出当前的 GVC 治理形式转变有利于发展中国家扩大市场规模，形成规模经济效应，进而有助于提高企业的边际利润，并使企业投入研发资金聚焦于技术改进和产品创新等方面，从而进一步提升 GVC 治理效率。S. M. 桑加维鲁（S. M. Thangavelu, 2018）的研究发现，服务化有利于发展中国家的制造企业借助新 GVC 治理体系完成升级。在此基础上，J. 贝尔和 F. 帕帕乔尔（J. Bair and F. Palpacuer, 2015）以及 G. 格雷菲（2016）探讨了 GVC 下跨组织边界和地理边界的企业社会责任与 GVC 治理之间的关系，提出了竞争性治理，他们将私人治理、社会治理和公共治理的交叉关系考虑在同一框架下，并提出了更加整合的 GVC 治理模式。E. 哈维斯和 L. 坎普林（E. Havice and L. Campling, 2017）也指出全球价值链的组织治理形式将重新塑造全球经济体系。L. 卡诺（L. Kano, 2018）从 GVC 治理主体关系视角，总结了六个社交机制来指导各主体对现阶段 GVC 治理体系的改善。

（2）GVC 治理结构与价值分配。在原 GVC 治理体系框架下，聂聆等（2014）研究发现，虽然中国参与 GVC 分工获得的增加值收入是世界第一，但知识密集型制造业和服务业对中国制造业产品 GVC 收入的贡献并不大。叶作义等（2015）的研究也表明，美日等发达国家留存在本国的附加值率要高于中韩等新兴国家和地区，随着贸易的增加，新兴国家和地区的附加值流失反而愈加显著。蒋雪梅和刘轶芳（2018）指出价值链的价值分配被发达国家的链主企业控制，这也就导致了其他企业的 GVC 嵌入位置与攀升路径也受到链主企业的直接决定和影响。吕越等（2018）的研究则表明，GVC 体系下发展中国家主要以技术成熟型、劳动密集型产品获得微利收入，而发达国家通过技术和知识输出获得俘获效益。为了明确产生 GVC 价值分配不均问题的根本原因，N. 崔坤（N. Choi, 2015）研究了 GVC 内区域贸易价值增值的关键要素，指出资本劳动率、高技能劳动生产率与价值增值均存在密切的正向相关关系。A. 阿尔法罗和 P. 科德（A. Alfarol and P. Chord, 2015）则结合 100 多个国家（地区）运营企业的生产活动信息与投入产出表，构建了上游企业层面的衡量指标，包括综合投入和非综合投入，其研究表明，企业整合上游或下游供应商的决策主要取决于最终产品的需求弹性，应根据需求弹性有针对性地制定相应策略以实现价值的公平分配。从 GVC 治理结构变化的视角重新审视全球价值链，洪勇（2015）和鲍萌萌、武建龙（2019）等则从新兴产业崛起的视角重新定义了全球价值链，其指出，立足于新兴经济体，打破原 GVC 的全球治理形势是符合当代企业发展趋势的。有研究者基于 GVC 中心位置指数对新 GVC 治理体系进行评价，根据 2000～2011 年全球 60 个国家的面板数据，得出：相对落后的发展中国家通过提升技术密集型产业的 GVC 嵌入度可以实现产业价值的优化配置（Sun，2019）。凌永辉和刘志彪（2021）指出在 GVC 治理结构显著变化阶段，不仅纵向分工向横向分工的规模转变明显，而且在内需上也有所体现；摆脱序贯分析后，我国制造企业通过考虑链条动态控制等问题，将迎来与链主企业竞争的机会。

2. 制造企业 GVC 升级研究

制造业中包含装备制造企业，因此，装备制造企业的 GVC 升级符合制造企业 GVC 升级的一般特征，制造企业的 GVC 升级研究与装备制造企业的 GVC 升级研究密切相关，可作为装备制造企业 GVC 升级研究的基础。国内外学者从三个方面对制造企业的 GVC 升级进行了研究。

（1）制造企业 GVC 升级的必然性与升级动力研究。在制造企业 GVC 升级的必然性研究方面，R. 鲍尔温和 J. 洛佩兹冈萨雷斯（R. Baldwin and J. Lopez - Gonzalez，2015）指出，中国制造企业通过"进口—生产"和"进口—出口"等模式，已成为 GVC 体系最大的参与者。基于以上研究可知，制造企业嵌入全球价值链的积极意义在于 GVC 为企业发展提供了广泛的市场以及知识资源。在制造企业 GVC 升级动力研究方面，L. 卡诺（2018）指出，企业作为转型升级的主体还将引起 GVC 治理的动态演化过程，从而影响企业在 GVC 中嵌入的地位与作用。刘志彪和凌永辉（2021）指出，在国内外发展环境发生的深刻复杂变化的背景下，我国制造企业更需要发挥国内市场优势和内需潜力，整合全球要素资源，加快构建 GVC 新发展格局，尤其是作为 GVC 上的主导企业，需要抓住双循环的关键节点。王磊和魏龙（2018）也指出，价值链的位势提升可以通过双链嵌入条件下的动态学习来实现。甄珍（2020）指出，我们既不能只关注后发企业在 GVC 中通过模仿学习而完成的升级，而忽视 GVC 治理对学习的阻隔作用，也不能仅关注由 GVC 治理引致的低端锁定作用，而忽视企业的主体能动行为。

（2）制造企业 GVC 升级影响因素。在 GVC 背景下，企业升级是指企业利用链内、外资源，通过知识流动实现能力升级并改善嵌入地位的过程。然而这一过程却十分艰难，L. 卡诺（2018）指出，来自发达国家的链主企业控制着整条 GVC，通过对规则的制定，俘获、限制着链条上其他企业的转型升级。陶锋（2011）指出，知识溢出和转移是企业升级的重要影响因素，嵌入 GVC

可以使企业接触到丰富的知识来源。邓勇兵（2013）认为影响公司实现 GVC 升级的关键因素是控制公司成本的能力、整合上下游的能力、快速有效的响应能力以及技术研发创新能力等要素。郭伏（2014）指出，企业实施的与升级有关的战略应该是与某种学习形式密切相关的互动过程，因此组织学习是企业内部微观能力的主要附着点。王岚与李宏艳（2015）指出，升级要素结构、技术优势培育是中国制造业攀升 GVC 的关键。郭旭等（2017）揭示了产业技术政策驱动机制，指出增加研发投入和深化资本程度可以提升制造业创新效益和价值链地位。苏杭等（2017）从要素禀赋角度出发解释了比较优势的重要性，指出人力资本要素和技术要素是企业获得动态比较优势的关键，其中人力资本在要素从低级到高级的转变过程中起着重要的中介作用。魏龙和王磊（2017）认为对 GVC 主导环节的识别、制度质量、对外开放力度，将通过影响制造业在 GVC 位置和分工地位影响升级结果。王益民（2019）指出，企业动态能力的阶跃是企业实现 GVC 攀升的关键驱动因素，反过来，GVC 也为企业实现动态能力阶跃提供了资源基础与机会。耿晔强和白力芳（2019）指出，人力资本结构的高级化以及企业的研发强度对制造企业的 GVC 升级起到决定性作用。张晴和于津平（2020）指出，企业的高技能劳动要素、地区的知识产权保护及技术吸收转化能力在投入数字化背景下促进了制造企业 GVC 升级绩效。

（3）制造企业 GVC 升级途径。在以往的研究中，企业或者集群要完成 GVC 升级，涉及的升级方式多为"流程升级—产品升级—功能升级—跨产业升级"。M. 霍布戴、H. 拉什和 J. 贝赞特（M. Hobday，H. Rush，J. Bessant，2004）、陈戈（2012）和 T. 斯特金、J. 范比斯布罗克、G. 格雷菲（T. Sturgeon，J. Van Biesebroeck，G. Gereffi，2008）从发展中国家制造企业的视角，指出企业 GVC 升级遵循"委托组装—委托加工—自主设计—自主品牌"的序贯路径。汪建成（2008）则指出，自主品牌并非企业 GVC 升级的唯一终点，也可由组装代工环节向零部件的规模化制造环节攀升，再向核心部件的研发环节以及新一代产品的创新环节攀升。刘晓东等（2016）则指出，企业可通过商业模式改革实现其在 GVC 位置的跃迁，以增加利润、提高附加值、增强能力、占据更安全的市场地位等方式实现企业在 GVC 上的升级。郝凤霞和张璘（2016）指出，自主研发和并购是制造企业实现 GVC 升级的两种主要途径。吕文晶和陈劲（2019）指出，研究全球价值链上的升级不应只局限在国家或者产业，也不应只考虑环境与资源，而应该重点强调对企业主动性的探讨。部分学者指出，嵌入 GVC 条件下的制造企业转型升级路径并不唯一，但目的都应是为了实现技术能力阶跃，路径间的差异影响的也是企业技术能力实现阶跃的形式（Zhang J S，Qi L Q，Wang C D et al.，2022）。苏敬勤（2019）和詹爱岚（2019）则认为制造企业全球价值链升级体现在提升产品质量、改进生产过程和培育组织新职能三个方面。甄珍（2020）指出，通过多理论交叉领域和跨学科整合，企业在全球价值链上的升级将存在集群升级、价值链攀升、战略转型、组织转型、技术升级与追赶、能力升级等多条路径。

3. 装备制造企业 GVC 升级

装备制造企业 GVC 升级符合制造企业 GVC 升级的一般规律，同时又体现出自身的一部分特征。从装备制造企业的角度出发，其企业价值链更是与 GVC 交织在一起，无法分割考虑。陶磊（2012）也指出，由于装备制造业的供应链中拥有大型零件系统和复杂制造工序，因此其国际分工特征也更加显著。

（1）装备制造企业升级困境。H. 施米茨（H. Schmitz，2007）则从能力视角，将企业的 GVC 升级定义为发展中国家企业逐步从生产劳动密集型产品向生产资本密集型产品或技术密集型产品转变的过程。陈超凡和王赟（2015）指出，中国装备制造企业不仅不易在垂直专业化分工下实现升级，还易陷入发达国家的俘获型 GVC 中。G. 格雷菲（2016）指出，GVC 嵌入下制造企业较易实现工艺升级和产品升级，但难以实现更高层次的功能升级与链条升级。孙晓华和郭旭（2015）通过系统分析中国装备制造企业的各个细分行业，指出我国装备制造企业位于 GVC 的低端，有效需求规模和结构均呈现不足状态。林桂军和何武（2015）研究指出，中国装备制造企业低端锁定的重要原因之一是我国装备制造企业倾向于出口低价零部件并进口高价零部件。

（2）装备制造企业 GVC 升级影响因素。邵慰（2015）指出，提高装备制造业竞争力最有效的方法是提升装备制造业生产效率。洪勇（2015）提出，发展中国家必须依靠技术和企业的协同发展才能实现装备制造企业升级，其中核心企业和核心技术发展的协同性最为重要。倪洪福（2016）基于广义 VAPL 对包括装备制造业在内的各产业在 GVC 中的上游度进行了分析，综合利用 GVC 长度和强度指标，得出制造行业的微笑曲线形态并非具有普遍意义。郝凤霞和张璘（2016）指出，装备制造企业 GVC 升级的意义应在于促进生产技术水平、产品及服务质量提升。赵霞（2017）则指出，装备制造企业与其他制造企业升级的差别主要在于企业对核心零部件生产制造技术的掌控，完全剥离核心制造环节转入高附加值环节的投入并不可取。

（3）装备制造企业 GVC 升级路径。夏后学等（2017）的研究表明，新型产业创新平台等创新驱动智能转型战略是装备制造业通过依托技术链、价值链、产业链升级，突破 GVC 发展瓶颈、推动企业高端化的重要战略举措。杨桂菊（2017）在研究涉及装备制造企业 GVC 升级问题时，提出从单一产品的委托组装向零部件委托加工发展，并逐步跨越细分行业，扩展为涵盖众多产品的代工制造，最终成为横跨多条 GVC 的重要节点的升级途径。韩霞和吴玥乐（2018）指出服务增强是增加企业 GVC 价值增长点的有效途径。夏友富和何宁（2018）从"两化"融合和"双循环"视角出发，提出"自主式""集群式""包围式""渐进式"的装备制造企业 GVC 升级路径。而某些学者指出装备制造企业转型升级的目的是实现技术能力阶跃，因此升级路径的选择即为企业决定其技术能力阶跃的实现过程（Liu，2019）。B. L. 戴伊（2019）从产品性能这一视角来丰富企业在 GVC 上的攀升路径。刘婵媛和李金叶（2020）指出，技术进步与结构优化显著影响了装备制造企业的 GVC 升级，其中结构优化通过吸收技术研发成果，完成柔性生产优化升级对企业 GVC 升级影响更为显著。孙明哲和綦天熠（2021）则指出，服务化是影响先进制造企业 GVC 升级的关键，其中价值链整合作为关键的中介变量调节着影响的程度。

1.3.2　服务化与制造企业 GVC 升级关系及机理研究

装备制造企业亟须通过 GVC 升级破解其低端锁定的窘境并获得自身核心能力的可持续提升。服务化是影响和决定企业 GVC 升级结果的关键且有效的战略手段之一。本书从服务化战略研究、服务化对装备制造企业的影响研究、基于服务化的装备制造企业 GVC 升级机理研究三个方面对目前的研究成果进行梳理。

1. 服务化战略与策略研究

S. 范德梅鲁和 J. 雷达（S. Vandermerw and J. Rada，1988）首次提出了服务化概念，并指出："物品 + 附加服务"和"产品服务包"是两种重要的服务化形式。虽然相当一部分研究强调了服务化对企业竞争力的积极作用，但还有一部分学者提出了服务化复杂性陷阱与服务化悖论等问题。M. 克雷耶和 L. 纽恩斯（M. Kreye M，L. Newnes L，2014）以及众多学者均指出，传统制造和工程服务间差异导致的服务化对制造业企业升级影响的不确定性是制造企业服务化最核心的挑战之一（Nullmeier，2016 and Ulaga，2017）。对这一问题，一些学者试图从服务异质性的角度予以解释，例如 S. 库斯特、M. C. 舒哈马赫尔和 B. 加斯特（S. Kuester，M. C. Schuhmacher，B. Gast，2013）研究指出，不同类别的制造企业间服务创新关键因素的相关性较低，导致服务化对价值链升级的影响具有异质性。M. 野崎、J. 帕塔宁和 V. 帕里达（M. Kohtamäki，J. Partanen，V. Parida，2013）从成本的视角也给出了相似的结论，认为制造企业转型的初期阶段，外部竞争加剧，服务化战略与内部资源配置的矛盾会增加制造企业投入成本，从而阻碍企业实现价值增值。A. 埃格特、J. 霍格里夫和 W. 乌拉加（A. Eggert，J. Hogreve，W. Ulaga，2014）发现服务对制造公司营利能力的影响取决于公司所开展的服务类型以及公司是否在过去成功进行了产品创新。在价值逻辑视角下，E. 林德、K. 奇鲁马拉和 P. 奥加齐（E. Lindhult and K. Chirumalla and P. Oghazi，2018）则基于服务主导逻辑、虚拟主导逻辑和系统逻辑刻画了企业实现转型升级的基本逻辑。G. 古德根、A. 布施梅耶和 B. A. 费吉等（G. Gudergan G，A. Buschmeyer and B. A. Feige et al.，2017）则将服务主导业务逻辑的趋势与产品市场生命周期信息的趋势相结合，在实证研究的基础上，确定了对创新绩效和运营绩效产生重大影响的五个成功因素。陈伟宏，王娟（2021）指出服务化并非必然引起企业的 GVC 升级，区分服务投入内容、促进要素资源重组是产生正向的服务绩效的关键。以上关于服务化的界定虽具有差异性，但都体现了服务化的战略层面内涵，只是侧重点不同。侧重点的差异来源于实现服务化目的与实现目的途径的差异性。因此，本书将以往研究归纳为服务化战略研究与服务化策略研究两个方面。

（1）服务化战略研究。赵勇等（2012）提出装备制造企业服务化战略应包括目标定位、分析论证、内容设计和执行实施四个阶段。GVC 视角下，克罗泽特 Crozet 等（2014）的研究发现，法国 83% 的制造企业是提供服务的，甚至其中超过 30% 的企业服务提供要多于产品提供，并且随着服务化的深入，制造业 GVC 的参与度与地位也显现出向上攀升的趋势。马丁内斯和尼利等（Martinez and Neely et al.，2016）构建了七个阶段的服务战略过程模型，并通过案例分析，指出不存在单一的服务化战略。P. 迈伦和 L. 维特尔（P. Myhren，L. Witell，2018）指出相对于服务附加、服务改进对企业产品性能的改善，产品与服务通过应用或重新组合实现的服务创新才是顾客真正关注和企业必须追求的。R. 福纳西和 E. 卡帕扎诺罗（R. Fornasiero，E. Carpanzano，2017）和李靖华（2020）研究指出服务化可通过有效缩短产品生命周期，更加精准定位目标市场。S. 费尔南德斯、D. 皮戈索和 T. C. 麦卡洛因等（S. Fernandes，D. Pigosso，T. C. Mcaloone T，et al.，2020）以及 A. 马克和 B. 斯威夫特（A. Mak，B. Shaun West，2020）分别从价值主张视角和技术生命周期视角指出，产品服务系统是实现循环经济的一种有效手段。T. 哈卡宁（T. Hakanen，2014）等众多学者均基于复杂的产品—服务系统视角探索了服务化过程的价值主张及其运作设计，指出服务化战略过程是进化的，而不是离散的阶段，需要考虑资源在不同阶段如何以最佳方式共同创造价值（S. Ren，Y. Zhang and T. Sakao, et al.，2021）。基于系统动力学模型，D. 克洛克施赖伯、P. C. 冈布斯基和 R. 拉赫梅尔（D. Kloock-Schreiber，P. C. Gembarski，R. Lachmayer，2020）发现服务化对精细化的生产制造阶段影响最大，分别是在细化阶段的后期（即详细设计阶段）以及概念阶段的早期（即功能开发阶段）。E. 阿巴德塞古拉（E. Abad-Segura，2021）指出，服务化战略的本质是有限资源在产品和服务间进行重新配置的问题，配置方式取决于如何能获得最大程度的价值增加，如价值增值、获得价值创造动能等。Y. T. 尼加斯、L. 萨缅托和 M. L. 茨奥等（Y. T. Negash，L. Sarmiento，M. L. Tseng, et al.，2021）对服务化的"服务启动""服务锚定""服务扩展"三个类别过程进行了描述，并指出企业的服务化战略需要将客户和外部合作伙伴整合到服务创新生态系统中。

（2）服务化策略研究。I. 维斯尼奇和 B. 范洛伊（I. Visnjic，B. Van Looy，2009）指出，服务化策略离不开信息化、数字化与智能化，他们共同决定了企业经营与业务的扩张范围以及多元化程度。A. 图克（A. Tukker，2010）将服务化分为产品导向服务化、使用导向服务化、结果导向服务化三个类别。M. A. 库苏马诺、S. J. 卡尔河和 F. F. 苏亚雷斯（M. A. Cusumano，S. J. Kahl，F. F. Suarez，2015）基于行业生命周期视角提出了"平滑，适应，替代"三种产品与服务匹配模型。陈菊红等（2014）研究发现，竞争强度等外部因素、企业文化等内部因素以及两者间的关系均影响着服务化的策略选择。C. 科瓦尔科夫斯基、C. 温达尔和 D. 金德斯特伦等（C. Kowalkowski，C. Windahl，D. Kindström，2015）提出了"流程服务提供""定制性能提供""标准化解决方案提供"三种服务增长模式，并指出多数企业都是两种或两种以上路径并行的服务化模式。W. 雷姆、D. R. 斯约丁和 V. 帕里达（W. Reim，Dr Sjödin，V. Parida，2019）基于设备制造企业案例揭示了服务网络参与者实施的四种服务化策略，即服务扩展型、服务基准型、数字化型、客户共同创造型服务化策略。T. H. 阿斯、布鲁尼格和 M. M. 赫尔斯特姆等（T. H. Aas，Breunig，M. M. Hellstrm et al.，2020）推导了一个新的产品—服务系统业务模型分类法，不仅得到了 8 种服务化制造企业的商业模式类别，还指出制造企业产品的所有权程度、服务的智能程度、合同的绩效导向是影响基于服务化的商业模式类别划分的关键因素。K. 卡波、A. Z. 比格德里和 A. 施罗德等（K. Kapoor, A. Z. Bigdeli, A. Schroeder, et al., 2021）则认为影响服务化模式类别选择的因素为技术核心、关键参与者、结构边界和任务性质。

2. 服务化与制造企业 GVC 升级的关系研究

H. 格鲍尔和 T. 弗里德里（H. Gebauer and T. Friedli, 2005）均曾指出，服务化能够通过设置阻滞、建立依赖、辨别市场提供、传播创新等途径排除竞争企业、提高顾客忠诚度并提升企业差异化水平。R. 鲍尔温和 R. 兰茨（Baldwin and Lanz, 2015）研究发现，当制造企业服务部分创造的价值比重提升时，企业在 GVC 上的位置和产业结构将获得同步升级。M. 洛德瓦尔克（M. Lodefalk, 2014）和 O. 布斯廷扎，A. 比格德里和 T. 贝恩斯等（F. Bustinza, A. Bigdeli, T. Baines et al., 2015）指出，服务化能够实现制造企业商业模式的变革和组织结构的转型与优化。增加值视角下，H. L. 基（H. L. Kee, 2016）实证检验了出口服务化对制造企业国际竞争力的提升起到至关重要的作用。T. 哈卡宁、N. 赫兰德和 K. 赫兰德（T. Hakanen, N. Helander, K. Valkokari, 2016）研究指出：服务制造商可以根据客户特征定制产品，建立全球运营模式并创建全球价值主张，实现制造企业的升级。从商业模式创新的角度，K. 科斯凯拉—霍塔里（K. Koskela-Huotari, 2016）指出，开展服务化需要企业的业务逻辑发生根本性改变，这有益于引发企业的商业模式创新。杜新建（2019）证实了服务化在推动企业 GVC 升级的积极作用，并指出技术创新、规模经济、差异化竞争是三个最重要的实现机制，并且对资本密集型和技术密集型制造企业的影响最为明显。R. 马里奥、S. 尼古拉和 K. 克里斯蒂安等（R. Mario, S. Nicola, K. Christian et al., 2020）研究了受 COVID-19 严重影响的意大利制造业情况，并基于服务化建立了四个阶段的企业危机管理模型，强调了服务化商业模式的重要性，并指出数字化转型和高级服务化进程正在全面提速。

3. 基于服务化的制造企业 GVC 升级机理研究

基于服务化的装备制造企业 GVC 升级机理研究比较少，但近些年针对制造企业基于服务化战略的 GVC 升级影响因素与过程的研究逐渐凸显，并且有相当一部分研究成果也符合装备制造企业基于服务化的 GVC 升级特征，因此，可以作为装备制造企业相关研究的重要研究基础。

基于服务化的制造企业 GVC 升级影响因素研究方面，肖挺等（2014）研究指出，人力资本、信息技术建设投入以及良好的客户关系能够有效提升企业的服务创新效率，而且对产品、流程以及服务创新的效率产生不同程度的影响。还有学者将资源、市场竞争来源、技术环境、潜在补充者威胁全部纳入竞争者动态识别框架，并提出了针对"主导设计"的模型构建思路（Peng Y. S.，Liang I. C.，2016；张培，张丽平和李楠，2019）。M. 默弗里和 J. 安德森（M. Murphree and J. Anderson，2018）指出企业规模差异使企业基于服务化的 GVC 升级战略布局之间也产生了较大区别。林莉和马江璐等（2020）基于服务化战略，运用市场共同度和能力等价性揭示了企业 GVC 升级的其中一个主要动因是解决多主体竞争问题。胡查平和汪涛等（2014）在包含装制造企业案例的研究中发现，组织与战略的匹配性，以及社会技术状况都影响着企业服务化效率。同样，有些学者通过建立一个两阶段模型捕捉驱动传统设备制造商战略选择的关键因素，结果发现，以产品为导向的产品服务系统是设备制造商和第三方再制造商之间的协调机制（Xia Y.，Tan D.，Wang B.，2020）。O. F. 布斯廷扎、E. 戈梅斯和 F. 文德雷尔赫雷罗（O. F. Bustinza，E. Gomes，F. Vendrell-Herrero，2019）研究指出，外部合作企业的知识密集程度、与企业的合作匹配程度、本企业的研发强度都会对企业基于服务化完成 GVC 升级产生重要的影响。Y. 卡洛吉鲁、I. 乔托普洛斯和 A. 康托莱莫等（Y. Caloghirou，I. Giotopoulos，A. Kontolaimou et al.，2021）发现产学研合作对制造公司塑造倒"U"型价值链十分重要。还有一些学者研究了企业整合水平与企业创新能力的关系，并指出企业内部整合是外部整合的促成因素（Freije，Calle，Ugarte，2021）。V. J. 波斯、A. 马苏米和 P. 弗兰乔萨等（V. J. Shahi，A. Masoumi，P. Franciosa et al.，2020）指出，在服务化策略下，企业基于战略前景，以客户为中心以及对质量工具和技术的综合考虑等组织转变均为技术驱动的工业 4.0 时代提供了全面的质量管理（TQM）战略。

基于服务化的制造企业 GVC 升级过程研究方面，T. 贝恩斯和 H W. 莱特富特（Baines and Lightfoot，2014）指出先进技术传递与操作能力可推进制造企业的服务化过程。O. F. 布斯廷扎、A Z. 比格德里和 T. 贝恩斯（O. F. Bustinza，A. Z. Bigdeli，T. Baines，2015）指出，制造业企业 GVC 地位和组织结构将影响服务化形成的竞争优势。服务化视角下，众多研究都认同制造企业 GVC 转型升级方式包含向上游的产品开发和设计升级和向下游的品牌管理、渠道运营、售后服务的升级。学者们在此基础上进行了补充与延伸，简兆权等（2011）基于价值链视角提出上游产业链服务化、下游产业链服务化、上下游产业链服务化和完全去制造化等四种 GVC 升级方式。

1.3.3　基于服务化的装备制造企业 GVC 升级机理与路径研究

服务化对装备制造企业 GVC 升级的影响除了与制造业的一般影响相似外，还存在一定程度的特殊性，本书从基于服务化的装备制造企业 GVC 升级机理与路径研究两方面总结以往相关研究。

1. 升级机理研究方面

基于服务化的升级效应方面，I. 格雷米尔、N. 洛夫伯格和 L. 维特尔（I. Gremyr，N. Löfberg，L. Witell，2010）基于行业性质提出，稳定成熟的行业更宜实施服务化战略，特别是生产较长使用寿命产品的装备制造行业，这些行业产品的相关服务需求可能持续十年以上。F. 弗赖、S. R. 塞尔和 A. 哈纳菲（F. Frei，S. R. Sinsel，A. Hanafy，2018）对全球最大的 25 家电力公司的研究表明，对服务化功能的重视与开发是其中具有竞争力的企业的共性特征。李跟强（2021）基于"双循环"视角，指出投入服务化会显著降低知识密集型制造业的经济周期联动性。基于服务化的升级过程方面，V. 帕里达、D. R. 斯乔丁和 J. 温森特（V. Parida，D. R. Sjoedin，J. Wincent，et al.，2014）以瑞典和芬兰的先进制造企业为调查对象，研究发现唯有彻底、全面地进行企业的组织变革，服务化策略才能产生显著的财务价值，从而确保企业在全球竞争环境中的地位，并在此基础上给出企业领导者应对转型带来的组织挑战的解决办法。吕文晶和陈劲（2019）在研究中更多地强调了智能制造企业的主动性对 GVC 升级的影响。罗建强（2021）对农家装备的研究发现，设计、制造和服务的三类协同生产模式可以通过提高知识流动速度、加强装备全生命周期高度协同，提高整体网络效率，拓展网络价值创造空间。在影响因素视角下，曲婉等（2012）在涉及装备制造企业的实证研究中发现，影响企业服务化转型的关键因素包括服务创新、技术进步、客户需求和宏观环境。W. 雷姆（2019）基于设备制造企业案例指出，服务资源提供能力及服务提供愿景等参与者能力因素是影响服务化策略选择的关键因素。布斯廷扎（2019）调查了全球 370 家大型制造商，研究发现，强化核心战略伙伴关系对高研发制造型企业实现产品服务创新十分重要。H. 布斯廷扎和 R. 福兰特（H. Blichfeldt，R. Faullant，2021）对流程工业中 747 个案例进行数据分析，发现数字技术实施水平较高的公司更易实现激进的产品和服务创新，而在数字技术水平较低的企业，数字化对产品创新绩效影响明显，但对服务创新绩效影响并不明显。

2. 升级路径研究方面

S. A. 布拉克斯和 F. 维辛蒂（S. A. Brax and F. Visintin，2017）总结了服务化策略下装备制造企业 GVC 升级的八种途径，包括有限产品的支持服务、产品安装服务、补充服务、面向产品的解决方案、系统租赁、运营服务、托管服务解决方案和整体解决方案。綦良群和周凌玥（2018）则研究了企业价值链整合模式对装备制造企业转型升级路径的影响，并构建了四种基于服务化的装备制造企业价值链整合模式模型。李靖华和马江璐（2019）从"装配制造—流程制造"和"基础服务—高级服务"2 个维度，构造了企业的升级方式。还有学者以汽车制造产业为研究对象，研究发现服务化提供的精益管理系统通过延伸与整合企业所在的 GVC，提升了企业在 GVC 中的地位（Chen，Palma and Reyes）。C. K. 西米尼、F. 帕尔马和 L. 雷耶斯（C. K. Chen，F. Palma F，L. Reyes，2021）指出，现阶段 GVC 升级与工业 4.0 技术的新服务产品开发和管理密切相关，通过对 8 家大型制造企业的案例研究发现，企业具备的能力类别差异导致了升级路径差异，但无论采取哪种路径，企业自身技术与社会技能的适当结合都是影响升级成败的关键。

1.3.4 国内外研究现状评述

围绕研究主题，本书对基于服务化的装备制造企业 GVC 升级涉及的基础理论和重要研究成果进行了梳理。本书对 GVC 治理与装备制造企业 GVC 升级的相关研究、服务化与制造企业 GVC 升级关系与机理研究，以及基于服务化的装备制造企业 GVC 升级机理与路径进行了评述。在以往研究中，前两个方面的成果均较为丰硕，并将研究重点聚焦在了基于服务化的装备制造企业升级机理与路径上。（1）通过对 GVC 治理与制造企业升级关系的相关研究梳理发现，在国际经济环境、市场需求与新兴产业崛起的前置环境下，新 GVC 治理结构为制造企业实现自主、可控及动态、可持续的转型升级提供了机会。装备制造企业作为特殊的制造企业，其 GVC 升级在符合制造企业升级的一般规律的同时，还具有其特殊性。以往文献在制造企业 GVC 升级的必然性与动力、装备制造企业 GVC 升级困境等方面的研究较为翔实，对升级影响因素方面的研究也进行了广泛的探索，并将重点与难点聚焦在了装备制造企业 GVC 升级路径上。（2）服务化与制造企业 GVC 升级关系及机理的相关研究显示，以往研究强调了服务化的重要性与必要性，但同时也指出了我国制造企业 GVC 升级时面临的"服务化困境"问题。近阶段对服务化战略与服务化策略的研究表明，服务化的内涵应体现其在战略层面的意义，即服务化战略如何通过影响制造企业差异化的 GVC 升级能力、形式、前景影响其 GVC 的升级进程。以往大量的研究可以证实服务化与制造企业 GVC 升级的紧密关系，在基于服务化的制造企业 GVC 升级机理研究方面，学者也对基于服务化的升级影响因素和升级过程进行了一定的探索。(3) 基于服务化的装备制造企业 GVC 升级机理与路径方面的研究多集中于一般制造企业，并主要分为两类：一是对升级包含哪些内、外部影响因素的研究；二是关于升级的方式归纳与空间形态描述上。

以上研究基础与研究空白对本书的研究有重要的参考价值与方向指引作用。(1) 现阶段新的 GVC 治理无法回避，但在某种程度上也为装备制造企业转型升级提供了契机。在这种情形下装备制造企业若要实现 GVC 升级，需更加强调企业能力的内生性特征。除此之外，有关制造企业 GVC 升级影响因素与路径的研究结果表明，升级具有阶段性与路径差异性等特征，但有关制造企业，尤其是装备制造企业 GVC 升级路径的研究并不丰富。而对升级关键影响因素的识别、对升级路径的深刻理解均是装备制造企业实现 GVC 升级的核心问题。(2) 以往研究虽然指出了服务化困境等本土服务化问题，也明确了服务价值逻辑、服务化创新结果和产品服务系统等服务化战略视角下研究的积极意义，但已有研究成果并不能清晰阐述服务化策略下企业能力是如何在新 GVC 治理结构下发生动态演变的，即企业如何基于服务化战略实现自身能力的阶段性跃迁，并以此改变 GVC 地位。除此之外，主体间如何协作、资源如何整合的研究也仍处于"黑箱"状态，以上研究空白均为本书以服务化过程与价值逻辑演化规律全面、系统性地探索装备制造企业 GVC 升级机理指明了研究方向。(3) 基于服务化的装备制造企业 GVC 升级路径研究成果绝大多数停留在对升级方式的归纳和提炼阶段，基于服务化的装备制造企业 GVC 升级路径的种类与关系，路径实现等具体问题尚未得到解决。

总体来看，现阶段我国面临的主要挑战是如何使装备制造企业解锁全球价值链的低端环节锁定，并实现有效升级的问题。解决问题的关键在于如果服务化战略被证明是装备制造企业实现升级的有效手段，那么应该如何找到并实现切实有效的基于服务化的装备制造企业 GVC 升级路径。基于以往研究成果与空白，本书开展了以下研究内容：（1）针对装备制造企业这一特殊类型的制造企业，系统且有针对性地研究其在服务化策略下的 GVC 升级机理；（2）在机理研究的基础上，分析基于服务化的装备制造企业 GVC 升级路径，并就路径种类与关系、路径构建与运行进行全面的分析与设计。

1.4 主要研究内容与研究方法

1.4.1 主要研究内容

围绕基于服务化的装备制造企业 GVC 升级这一问题，本书从装备制造企业 GVC 升级机理出发，研究企业 GVC 升级的有效途径与路径构成，具体研究内容包括以下六个方面。

（1）基于服务化的装备制造企业 GVC 升级机理研究。在对装备制造企业 GVC 升级和装备制造企业服务化等相关基础概念界定的基础上，通过从多视角分析服务化与装备制造企业 GVC 升级的关系，界定基于服务化的装备制造企业 GVC 升级内涵。通过分析基于服务化的装备制造企业 GVC 升级演化过程，构建基于服务化的装备制造企业 GVC 升级演化过程模型，并以此过程为研究基础，运用扎根理论识别升级过程中影响装备制造企业 GVC 升级实现的影响因素，设计由"要素结构驱动企业 GVC 升级演化"的升级路径框架，对比路径特征、分析路径构成并揭示路径关系。

（2）装备制造企业价值点拓展型 GVC 升级路径研究。从路径基础分析、路径构建、路径运行三个方面对价值点拓展型 GVC 升级路径进行设计。以此为依据，从"客企交互下的需求分析""两业融合下的服务需求整合""终端市场引领下的价值点拓展"三个方面对价值点拓展型 GVC 升级路径进行构建。依据路径运行的稳定性分析，分别构建装备制造企业与客户以及两业企业间的演化博弈模型，求解模型并进行数值仿真，揭示影响装备制造企业的客企协同关系和两业内企业协同创新演化结果的关键因素，并通过相关结论分析得到该升级路径下的路径运行管理对策。

（3）装备制造企业核心点位跨越型 GVC 升级路径研究。从路径基础分析、路径构建、路径运行三个方面对核心点位跨越型 GVC 升级路径进行设计。以此为依据，从"核心点位识别""核心点位辐射""技术群体结构下的 GVC 升级形式"三个方面对核心点位跨越型 GVC 升级路径进行构建。依据路径运行的要素关系框架特征，构建基于核心点位跨越型 GVC 升级路径关键影响因素的结构方程模型，揭示影响核心点位跨越型路径运行的关键要素与要素关系，并通过模型结论分析，总结核心点位跨越型 GVC 升级路径的运行对策。

（4）装备制造企业价值环节延伸型 GVC 升级路径研究。从路径基础分析、路径构建、路径运行三个方面对价值环节延伸型 GVC 升级路径进行设计。从"双重架构下的模块分工""面向系统性能的模块联动""企业 GVC 嵌入位置延伸"对价值环节延伸式升级路径进行构建。依据路径运行的组织管理特征分析，构建企业模块联动模型，通过案例的定性比较分析，从价值模块划分、模块网络特征、模块水平影响因素三个方面揭示企业价值环节延伸型 GVC 升级路径的运行策略。

（5）装备制造企业链网重构型 GVC 升级路径研究。从路径基础分析、路径构建、路径运行三个方面对链网重构型 GVC 升级路径进行设计。以此为依据，从"资源液化""共享互联系统""新治理形式下的链网重构"三个方面构建链网重构型 GVC 升级路径。依据路径运行的网络效应分析，构建以装备制造企业为核心的超网络模型，揭示超网络模型运行过程中涉及的知识共享、知识转移等机制和关键影响要素，提出企业链网重构型 GVC 升级路径运行的对策。

（6）基于服务化的装备制造企业 GVC 升级路径选择和保障策略。从升级路径选择思路构建、指标体系构建与方法组合、路径选择评价和路径选择实证结果四方面进行升级路径选择研究，并提出基于服务化的装备制造企业 GVC 升级保障策略：依据升级机理构建路径选择思路，确定路径选择指标体系，并比较路径选择相关方法；运用熵 – TOPSIS – K – means ++ 组合方法下的定量评价与定性综合评价进行升级路径选择评价，并得到路径选择的实证结果；从升级的企业相关保障和环境保障两个方面分析装备制造企业 GVC 升级的保障策略。

1.4.2　研究方法

本书综合运用了理论推演与归纳、理论结合实证、理论结合仿真、定性结合定量等多种方法对基于服务化的装备制造企业 GVC 升级路径问题进行了理论构建、假设关系设定与模型验证。

（1）在升级机理研究阶段，运用全球价值链、企业战略、企业价值逻辑、企业动态能力四大理论对服务化与装备制造企业 GVC 升级关系、基于服务化的装备制造企业 GVC 升级组织结构与治理模式以及升级过程进行了理论推演与归纳；运用扎根理论结合访谈与问卷的方法对升级的关键影响因素进行识别。大量的理论研究基础与分析均是为了构筑较为完整的基于服务化的装备制造企业 GVC 升级机理体系。

（2）在价值点拓展型 GVC 升级路径研究阶段，运用客户驱动与客户创新等理论对基于使用功能的价值拓展型装备制造企业 GVC 升级路径进行设计；运用前景理论、竞合理论、非对称理论结合演化博弈理论的方法对装备制造企业拓展型升级路径运行的稳定性进行分析，并通过数值仿真分析构建客企交互与两业内企业协同创新的两阶段演化博弈模型，分析了该路径下装备制造企业与相关主体间的交互、协同与创新机制。

（3）在核心点位跨越型 GVC 升级路径研究阶段，运用企业核心能力理论与技术跨越理论对点位跨越型升级路径进行构建；运用结构方程模型结合数理统计的方法论证并分析核心点位跨越路径运行的影响因素作用关系与作用大小。

（4）在价值环节延伸型 GVC 升级路径研究阶段，运用供应链理论、企业价值链理论与模块化理论对价值环节延展型升级路径进行设计；运用定性比较分析与案例相结合的方法对价值环节延展型升级路径下的组织管理问题进行分析，并得到路径运行的模块联动效应机制。

（5）在企业链网重构型路径研究阶段，运用知识转移理论、服务价值主张理论与 GVC 治理理论对链网重构型 GVC 升级路径进行设计；构建了知识共享超网络模型，并通过 Netlogo 平台进行数理仿真分析，揭示影响链网重构型 GVC 升级路径运行的知识共享与知识转移等机制。

（6）在路径选择及保障策略研究阶段，运用熵—TOPSIS 法构建了路径选择指标的评价体系；运用 K - means ++ 算法对案例进行聚类评价并得到路径选择结果。

1.4.3　技术路线

本书在对升级机理揭示的前提下，构建了基于服务化的装备制造企业 GVC 升级路径，在路径选择基础上，提出了相应的保障策略，技术路线如图 1 - 1 所示。

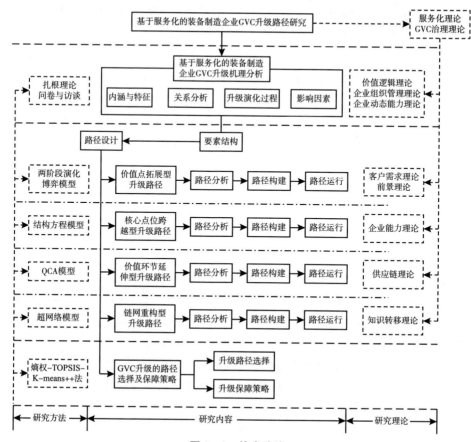

图 1-1　技术路线

第2章 基于服务化的装备制造企业 GVC 升级机理分析及路径框架设计

探究基于服务化的装备制造企业 GVC 升级机理是构建升级路径的基础。本章基于基础概念与特征分析、服务化与装备制造企业 GVC 升级关系分析，对基于服务化的装备制造企业 GVC 升级内涵与特征进行了界定，通过构建升级演化过程模型，识别了影响装备制造企业 GVC 升级的关键影响因素，系统地设计了升级机理。在此基础上，对升级路径架构进行了设计，为下文具体路径构建与运行奠定基础。

2.1 相关概念界定

2.1.1 装备制造企业 GVC 升级内涵

装备制造企业 GVC 升级在学术界尚没有统一的界定，本书在装备制造企业、装备制造企业 GVC 概念分析的基础上，对装备制造企业 GVC 升级内涵与特征进行了界定。

1. 装备制造企业

依据《中国装备制造业发展研究报告》内容，装备制造业是涵盖机械、电子、材料等资本品制造及相关零部件制造的一切企业的总称。与一般的制造企业相比，其具备以下特点。（1）装备制造企业具有装备性、主导技术可持续性、长生命周期等特征。装备性意味着企业的众多复杂工序与零件需要在不同工艺下进行配套组装，因此企业间存在较强的协同需求；主导技术的可持续性体现了核心技术的绝对地位；长生命周期性特征意味着企业涉及的复杂的全生命周期性制造流程需要对资源与知识进行广泛提取、组合与积累。（2）装备制造企业的背景是全球化的，GVC 上的企业间关系是既开放又彼此排斥的，利益相关者间呈现为既依赖又制约的竞合关系，掌握核心技术的主导企业往往会将其他链上企业紧紧俘获在 GVC 底端，这种俘获关系逐渐固化并形成严重的路径依赖，最终使成员企业陷入难以升级发展的窘境。（3）全球迅速推进的新兴科技，带动了智能化、数字化、信息化等技术的发展，这引发了装备制造产业分工的重大调整，为我国有效实施装备制造企业服务化发展奠定了基础。（4）装备制造企业具有高产业关联性，其产业技术能力决定了我国高新技术含量。（5）装备制造型企业多数具有强专用性、系统性以及复杂性，这意味着企业的生产制造需在定制的基础上通过组件进行层次性的集成。（6）客户与企业间的关系一经确定不易改变。装备制造企业客户具有全过程参与的基本属性，这主要是因为高技术与专用性企业需要与客户在产品的使用全生命周期过程中保持一定频率的沟通。

基于以上分析，装备制造企业既有制造企业的一般特征，同时又因其特殊性而区别于一般制造企业，本书的概念界定充分考虑了这两方面因素。

2. 装备制造企业全球价值链

由于装备制造企业部件体系庞大、工序较为复杂，其全球价值链与企业价值链是紧密交织的，因此，其全球价值链也具有供应链的基本特征。依据以往研究，一般企业的全球价值链符合微笑曲线的基本特征，即中间的附加值小于两端，但这一视角偏重功能链条，没有将装备制造企业显著的产品链条特征考虑进去。加上逆全球化、贸易摩擦、新冠疫情冲击、新兴产业崛起等引发的全球价值链治理结构变革，装备制造企业所在 GVC 的纵向分工规模逐渐收缩，复杂的生产工序及环节呈现出国内区域化集聚的内向型特征。基于此，装备制造企业的全球价值链不再是序贯分工下的被动升级链条，而是在横向分工拓展下持有主动权的可控制的动态链条。此种情形下，装备制造企业全球价值链双向维度下的全面竞争特征显著。本书将装备制造企业的全球价值链界定为：在新 GVC 治理环境与结构下，企业为了实现价值创新或培育价值增值动能实施的全球化战略选择与延伸的价值活动集合。装备制造企业全球价值链具备三点特征。（1）具备全局性特征。与一般的企业价值链的区别在于，装备制造企业的全球价值链考虑了复杂产品结构与复杂分工下各环节的能力与特征，以及他们之间的相互作用，前后向关联更足，更利于企业发挥控制权。（2）具备主动性特征。与以往的企业全球价值链不同，新治理结构下的装备制造企业不再被动参与全球价值链，而是通过内部市场以及区域产业集合调节、构建全球价值链，掌握链条治理的主动权。（3）具备动态性特征。产品系统复杂，涉及跨领域资源与知识的装备制造企业在全球范围内进行资源交换、吸收与整合，企业的价值链也将随着技术能力进步与创新功能的变化在 GVC 发生拉伸、整合与跨越。

3. 装备制造企业 GVC 升级

装备制造企业全球价值链升级的内涵现阶段存在一定程度的争议，一部分学者强调的是被动升级，另一部分学者强调的是主动升级。但多数研究都认同被动升级的局限性与准科层下的升级弱增性。在上文提到的 GVC 治理结构革新的背景下，装备制造企业 GVC 升级的概念亟须重新定义，这也导致了装备制造企业升级本质和过程发生了根本性转变。本书认为，装备制造企业 GVC 升级需要以技术能力提升和培育价值创造动能为目标，在国际市场的资源提供与激烈竞争的双重作用下，以装备制造企业为升级主体，通过构建企业动态内生的比较优势，有效识别、交换、吸收、整合内外部环境资源，并依据企业价值主张与价值逻辑演化进程，形成适合企业阶段性发展的 GVC 升级模式与路径，提高装备制造企业价值增值能力、技术创新能力、市场拓展能力与品牌培育能力，从而逐渐突破原 GVC 链主企业控制，并构建新 GVC 体系。由于企业能力具有差异性与动态性等特征，装备制造企业的 GVC 升级存在一定的演化规律，并在循环往复的过程中完成阶段性层次递进，体现为企业组织不断优化、外部联系不断拓展、整体功能不断提升的特点。在这一内涵界定下，常见的装备制造企业 GVC 升级行为得到补充，主要包括前端市场开拓、后向链接升级、生产制造端附加值提升或新网构建等。

2.1.2　装备制造企业服务化内涵及特征

本书以企业服务化内涵与特征为基础，归纳了装备制造企业的服务化内涵与特征。

1. 企业服务化

针对服务化的研究在产品和服务功能的关系方面存在差异化的认知。具体而言，有的学者认为服务是价值增值的补充，产品制造仍是企业价值的最主要来源；有的学者则认为服务应该作为企业价值创造的主要来源；也有的学者认为服务化是通过价值创造提供的更多附加值来构建企业差异化竞争优势的有效管理战略。但以上概念的界定在服务化战略层面上的内涵具有一致性，即服务化的战略过程实施均指向服务化目的。在服务化战略实施过程中，服务具有难以存储和实践的基本特性，因此传统的发展过程并不适合企业开展服务化。装备制造企业的服务化需要跨界挖掘、连接、交换并整合资源，目的是能够重构服务化产品的创新开发及产销流程，从而促进装备制造企业的技术提升或满足更高的企业生产制造要求。

通过对前文研究的梳理与分析，本书总结企业服务化特征如下。（1）服务化目的是服务化的研究重点，企业需要通过面向流程的服务化实践，以及内、外部的组织协同来试图解答以下问题：企业是否创造了更多的价值、产生了新的竞争优势，或者形成了创新动能。（2）服务化是一种逻辑的演化，这种从以产品为中心向以服务为中心的价值逻辑转变将是一个循序渐进的过程。（3）服务化行为不仅指服务要素投入质量与数量的提升，还包括高附加值服务产出增加的过程。（4）服务化过程具有伴随结构重组或者模式变革的多元化特征。这可能引起企业价值获取位置的变化，如向价值链上游的研发设计以及下游的售后服务环节不断延伸、渗透，但这并非必然的结果，而是依据企业发展的需要可能产生的现象。（5）服务化作为企业产品和服务的新型关系载体，价值受到企业生产制度结构与客企关系的影响，其脱离了产品或服务的任何本质特征。

2. 装备制造企业服务化

装备制造企业的服务化除以上服务化的一般特征以外，还包含两点特殊特征。（1）装备制造企业服务化的作用是推动企业的生产制造，离开装备制造企业主要功能的服务化是无法单独创造价值的。在这里，生产制造功能是"皮"，服务化是"毛"，其符合"皮之不存，毛将焉附"的道理。装备制造企业的客户多为制造型企业，生产制造功能是此类客户最核心的价值来源，因此装备制造企业的服务内容必须面向用户需求，与生产制造环节高度相关，并通过服务改进与服务创新推动原生产制造环节分化、重组和升级。（2）服务化过程具有多主体协同特征。装备制造企业产品与制造流程十分烦琐，服务化基于此完成互通关系的搭建将更显复杂。装备制造企业的服务化是价值所在载体的超级关系模块的重新配置与集成，参与主体将借助商业模式与互联平台完成全程价值链的共创与共享。基于以上特征分析，本书将装备制造企业服务化内涵界定为：装备制造企业为获取以核心技术为主要功能的竞争优势与可持续发展动能，以市场需求为价值创造导向，以服务主导逻辑为价值演化目标，通过与内外部多主体协同，进行运营管理、组织结构、资源配置等多方面的流程变革，最终实现企业绩效提升、价值创造的一种服务增强战略。

2.2　服务化与装备制造企业 GVC 升级关系分析

服务化以客户需求作为价值创造的核心目标、充分利用各项资源、合理分配各项要素，指导并支撑着装备制造企业的生产与制造，促进了企业的转型升级。本书从成本控制视角、技术创新视角、市场竞争视角、价值增值视角四方面，分析了服务战略下装备制造企业对 GVC 进行把控与重构的方式、方法。与此同时，企业转型升级的演化过程也会对服务化要素、服务化水平、服务化绩效提出更高的要求，反过来为装备制造企业进一步升级注入新的动力，企业升级又带动了服务化过程的进一步深化，周而复始。因此，装备制造企业的服务化范式从根本上改变了企业各环节的空间布局与价值分配。

2.2.1　基于成本控制视角

成本控制视角下，服务化对装备制造企业的影响主要有四个方面。（1）降低了企业的投入成本。高级服务要素的供给提高了企业资源要素的质量，降低了要素使用的成本，随着高质量服务要素在企业要素结构中比重的增加，企业对传统资源要素的依赖逐渐减弱，属于传统资源要素的劳动力与自然资源成本降低，企业绩效获得改善。（2）降低了企业的交易成本。非核心环节向专业化服务部门的剥离使企业资源集中在核心产品和技术的研发环节，导致生产制造环节和流程间的成本或费用降低。（3）降低了企业的生产成本。通过链接其他相关企业和客户形成的多主体协同创新形式，降低了以往企业间由信息不对称引发的交易风险与交易成本。再加上数字化、智能化、物联化等市场新兴技术为多主体互动提供的良性发展环境，信任得以建立，合作关系也得到持续巩固。（4）降低了企业的协调成本。由于服务化发生于跨产业领域，因此企业知识存量、知识种类更加丰富、高级要素带动的要素应用也趋于充分，当复杂的服务生产系统形成后，逐渐完成的生产规模化、生产范围化和生产定制化将通过成本弱增性，使装备制造企业成本进一步降低。综上所述，服务化通过降低要素投入成本、交易成本、生产成本和协调成本，促进了装备制造企业的 GVC 升级，并使服务化过程得到演进与深化，使得装备制造企业 GVC 升级获得持续的成本节约动力。

2.2.2　基于技术创新视角

服务化转变了企业生产经营的本质，并通过使企业获得主动及内生的技术创新动能促进了企业的技术进步与技术追赶，实现途径主要是缩短产品生命周期、加快新产品的革新速度、提高产品的技术含量和提升差异化设计水平等。（1）知识转移与扩散是基于服务化的装备制造企业实现技术创新的重要机制，正如前文所述，仅靠引进先进技术组织学习效果是有限的，其受到链主企业与自身能力的多重制约，尤其是当装备制造企业处于 GVC 低附加值环节时，其所在的 GVC 位置同时也处在链网的知识扩散末端，接收到的知识源和知识渠道相对有限。此种情形下，装备制造企业有效的知识转移与扩散将更大程度上取决于企业自身的知识学习意愿和投入。服务化是装备制造企业进行知识投入的有效渠道。服务资源中包含大量的知识、技术等高级服务要素，当其被融入企业生产经营流程时，将有利于企业在发挥原比较优势的基础上，进一步实现开放式与协作式的技术创新。同时，服务化还增加了装备制造企业知识学习的界面，跨界的服务要素投入还将通过提高产品工艺设计的个性化水平提高企业产品与技术创新效率。例如，产学研联盟通过影响开发、设计等服务要素为企业提供了技术支持；数字化、物联化等新兴产业通过影响信息服务要素影响企业对市场动态的把控；智能化、产业互联等服务要素则通过影响企业生产制造流程与模式影响企业挖掘新的产品功能；金融类服务要素则通过解决企业投融资问题为企业产品—服务活动提供支持。（2）服务化为技术改进与创新运行提供了稳定的环境与系统。产品服务系统本质也是一种知识联盟，是企业各个生产环节连接的纽带，其"一切皆服务"的理念与形式铸造了畅通的知识流动渠道，促进了各生产制造环节的效率与要素水平。（3）以多方协同为主的服务化形式也使企业与高级服务部门或机构搭建起了长久的合作与信任关系，这也进一步激发了组织内部的学习意愿与知识转移。

综上所述，服务化通过影响知识的转移与扩散、增加企业知识学习的界面、铸造畅通的知识流动渠道、搭建长久的合作与信任关系，缩短了产品生产的生命周期，加快了新产品的革新速度，提高了产品的技术含量和差异化设计水平。

2.2.3　基于市场竞争视角

服务化通过提高装备制造企业的组织柔性并塑造企业的核心动态能力提高了企业在 GVC 中的市场竞争力。（1）基于服务化的柔性化生产体系，使企业得以应对快速多变的 GVC 市场需求。为了实现新产品的及时供应，防止企业在 GVC 中的地位受到威胁，企业需要依据市场需求变动，迅速组织、协调、变更生产过程。在 GVC 治理下，无论企业在价值结构中是主动控制还是被动参与的角色，链上企业的去留往往都受其所处集群综合情况的影响。在 GVC 背景下，链主企业在实施外包、采购或整合行为时，对嵌入企业的选择依据了企业技术能力、资源汲散状况、区域使用成本和环境支撑等动态实力的综合评定。此种情形下，传统形势下的装备制造企业 GVC 升级，会使企业面临来自同行、外包与采购承接者、产品销售者的竞争。除此之外，处于更低价值增值环节的企业还可能通过整合资源跃升到既有企业的竞争之中。基于服务化的装备制造企业将原本处于竞争关系的区域集群内竞争对手转化为合作关系，减少了企业之间恶性竞争的机会，基于服务化的上下游资源协同也避免了来自上下游的竞争威胁。价值主体间的全面协同塑造了快速孕育、快速成长的组织合作集群区域，增加了被链主企业整体选择的机会。（2）服务化提供的知识与资源要素赋予企业的独立、自主的创新动能，还将使装备制造企业通过培育核心能力的独特性、多样性以及动态可更新性成为新的 GVC 链主企业并重构 GVC 组织结构，以形成 GVC 的绝对竞争优势。首先，服务化主导逻辑下，客户是价值创造的主体。客户参与并协同创造价值将使企业依据客户需求和产品竞争状况对市场进行细分，细分市场的详尽信息在完成传递与反馈的同时，逐渐形成了企业差异化且可持续的竞争优势，这将指引企业形成并组织合理与异质性的 GVC 价值实现过程。其次，服务资源不仅赋予了企业资源"稀缺性"和"不可模仿性"，更重要的是服务化过程不断调适、更新、重构、再造企业资源与能力的动态特征，提高了企业对组织资源的驾驭能力，拥有 GVC 升级的先动优势。此时，企业不仅可以摆脱原链主的制约，甚至还有望通过新价值链重构成为新的 GVC 链主企业。

综上所述，服务化将通过使企业构建柔性化的生产体系，形成独特、多样且动态可更新的核心能力，影响企业在 GVC 上的竞争力。

2.2.4　基于价值增值视角

在价值增值视角下，服务化可以通过大量的物质资源、信息资源与知识资源以及他们之间的频繁交互，使企业在创造价值时突破有限实体资源的禁锢，获得可持续的价值增值能力，这也是现阶段我国装备制造企业实现 GVC 升级的有效途径。服务化通过丰富企业价值增值点、增强核心环节增值能力、增加产品附加值、获得增值动能四方面使装备制造企业的价值增值效应得到实现。（1）丰富企业价值增值点方面。在基于服务化的装备制造企业 GVC 升级过程中，研发设计、品牌营销、管理培训、信息挖掘等知识密集型服务价值被逐渐融入产品中，企业的价值获取环节得到拓展，丰富了企业的价值增值点。（2）增强核心环节增值能力方面。服务化是关注客户价值感知的战略选择，服务化策略下客户价值是企业价值创造的核心驱动力，企业与用户的价值获取顺序是企业在客户之后，因此企业会更关注产品真正的使用价值。基于需求的价值创造使企业既不会一味地追求服务，也不会盲目开发缺乏应用性的产品或部件，而是依据企业核心能力与优势环节，形成更加有据可依的企业战略。因此，服务化战略下，装备制造企业在规避 GVC 升级引发的不确定性的同时，也更易实现基于企业核心竞争力的价值增值。（3）增加产品附加值方面。服务化过程中，高级服务要素投入的增加，资源要素间发生交互、联动与整合，有利于装备制造企业向技术密集型企业转型。与此同时，组织结构在资源、产品—服务整合的过程中也得到优化，改变了企业价值获取和资源利用的方式，这将进一步提升资源要素水平、增强产品特色、改进产品功能，企业产品附加值获得提高。（4）获得增值动能方面。服务化战略下，企业以协同创新作为价值主要获取途径，由于协作主体的多元性，基于服务化的装备制造企业接触并吸收了具有稀缺性的、跨领域的、难以模仿与复制的合作企业核心资源。协同创新过程中，不仅所有资源、知识与信息指向同一价值创造目标，同时协作关系还可以为企业更精准地识别到真正的价值增长点，这都将通过资源的有效流动激发创新的产生。价值主体间的关系在依据贡献率合理分配增值收益的前提下，得到稳固发展。在这一过程中，隐性的知识与资源伴随服务的交换发生转移与外溢，并逐渐形成新的显性知识，知识种类与资源存储量种类的上升又会激发新知识的产生，如此循环往复，最终通过资源的充分开发获得可持续的价值创新动能。

基于前文不同视角的关系分析可知，服务化从成本控制、技术创新、市场竞争、价值增值等方面为我国装备制造企业掌握 GVC 主导权带来弯道超车机遇。由此可见，"服务化与装备制造企业 GVC 升级的关系研究"是"基于服务化的装备制造企业 GVC 升级内涵"的重要研究基础。由此，本书得到基于服务化的装备制造企业 GVC 升级的内涵如下：装备制造企业遵循服务客户的基本理念，采取一系列服务化手段及方式，在 GVC 背景下，重构企业产品的开发及产销流程，在企业完成服务与产品集成开发的同时，使企业通过结构持续优化、增值产品提升、价值创造动能培育，实现其在 GVC 上的嵌入、延伸、迁移或重构的过程。其具备四点基本特征。（1）升级的思维核质是以长期的价值再造能力替代短期的产品与服务。形成客户黏性是策略实施的前提，因此企业更关注能为客户提供或创造的价值。（2）基于服务化的装备企业 GVC 升级是一个循序渐进的过程。企业制度逻辑需要同时兼顾"以产品链接的客户使用价值"和"以服务链接的客户体验"，因此两方面的协调均衡程度是企业能否顺利实现 GVC 升级的关键。（3）企业的主观能动性是其能否在 GVC 中形成可持续的竞争优势的核心内容。与一般的装备制造业 GVC 升级行为不同，基于服务化的装备制造企业 GVC 升级，并非序贯分工视角下的静态分析，也非随机发生的组织演化，而是具备动态性与构建性的有意识的行为主体主动谋求企业升级与发展的方式。服务逻辑下，这种动态竞争优势的重要来源是企业对内外资源能力的调动与开发。（4）要素间的联动与整合需要考虑生产与服务协同的均衡性。与其他企业服务化不同，基于服务化的装备制造企业 GVC 升级内涵超越了产品或者服务的任何本质特征。基于服务化的装备制造企业 GVC 升级不仅取决于服务需求与关系的定义，同时还受到生产制度结构的推动与制约。因此，在提供服务的同时还需时刻强调生产制造的核心地位。

2.3　基于服务化的装备制造企业 GVC 升级演化分析与模型构建

服务化过程通过影响企业价值逻辑演化进程影响了企业的组织惯例，进而影响了企业 GVC 升级能力的动态演化过程，这也引致了企业 GVC 升级的阶段性演进。本书分析了服务化策略下装备制造企业 GVC 升级演化过程，并构建了升级演化过程模型。

2.3.1　基于服务化的装备制造企业 GVC 升级演化分析

在 GVC 背景下，企业的价值主导逻辑也在逐渐发生转变。这主要是源于

GVC 激烈的竞争压力、无法逾越的能力鸿沟，使装备制造企业开始正视传统价值逻辑的局限性。企业价值的焦点开始转为使用，甚至企业被认为无法独自创造与传递价值，企业的价值应该建立在与客户交互的基础上，并且目的是提供可应用的资源，至此服务逻辑兴起。服务逻辑强调关系的交换而非产品的交换，GVC 背景下，更广泛范围价值主体间的对话使这种交互变得更为有效。企业形成的新价值逻辑将通过影响制度逻辑影响企业组织活动。装备制造企业 GVC 升级受阻多源于企业制度上存在的路径依赖特征。在路径依赖的惯性特征锁定下，企业发展方式与途径不断发生着自我强化。因此，企业的制度逻辑将深刻影响组织惯例，组织惯例则通过塑造装备制造企业 GVC 升级能力影响企业在 GVC 上的地位与发展前景。因此，服务价值逻辑影响下，制度逻辑改变将引起组织惯例的转化，组织惯例更新过程中引发的组织原则变更、组织结构调整和组织能力更新又将重新整合装备制造企业的能力与资源，使装备制造企业的 GVC 升级成为可能。

然而，因装备制造企业核心竞争力必须为技术的基本特征，这就使其主导逻辑无法完全脱离产品逻辑而纯粹只考虑服务。当新逻辑进入企业且旧逻辑依然存在时，他们将共同影响企业的制度逻辑，即形成游离于产品逻辑与服务逻辑之间的多元价值逻辑。装备制造企业间的性质与能力虽具有异质性，但都遵循多元制度逻辑的基本特征，多元制度逻辑演化将影响装备制造企业在 GVC 上的发展。因此，装备制造企业的价值逻辑并非产品逻辑和服务逻辑间"非此即彼"的选择题，而应该是产品逻辑不断向服务逻辑过渡，且"亦此亦彼"的混合逻辑。

服务化战略下，装备制造企业的多元混合逻辑将按照"分离—兼容—向心—均衡"的序列演化，对应的企业 GVC 升级能力则从"能力鸿沟—能力表现—能力习得—能力转化"依次过渡，并伴随着企业资源的更新与拓展、企业组织结构的改进与优化、企业战略定位重置等服务化输出，最终形成"产品服务增值—价值链网络优化—治理结构升级"的装备制造企业 GVC 升级演化阶段。以下是本书对升级演化的详细分析过程。

1. 产品的服务增值

当企业觉察到市场需求和企业提供的原始产品之间存在差异时，为弥补这一能力鸿沟，应对商业环境的变化，探测价值链能力压抑位置，企业需要主动寻找并打开能力切口。以服务客户为目标，积极挖掘内外环境中可以利用的一切服务要素资源，并试图使用服务资源要素填补能力切口。此时，服务价值逻辑进入企业，新价值逻辑形成初期，产品价值逻辑依旧是企业现阶段的主导逻辑，新旧逻辑难以协同指导组织实践，新旧价值逻辑间表现出明显的相互隔离状态，此时基于两种逻辑下的装备制造企业组织目标也处于分离状态。基于服务化填补企业缺口的过程首先是寻找并提取有效服务资源要素的过程，这一过程能够使相互分离的企业价值逻辑发生融合，即可以通过提高企业价值逻辑的兼容性解决企业组织目标分离的问题。

服务要素筛选过程解决了装备制造企业价值逻辑分离的问题，实现了多元逻辑的融合。通过明确自身需求寻找或创造机会窗，再通过要素盘点精简服务要素集完成服务筛选。服务要素是装备制造企业在价值流程中一切可利用的资源，其可以是来自企业组织内部的资源与能力，也可能是与企业外部伙伴合作开发的资源或者能力。服务要素筛选是企业选择需要吸收的资源与能力的过程，一般包含两个方面，即服务切口产生和服务要素提取。（1）服务切口产生是指由需求切口、制度切口或者技术切口引致的可以用于服务要素导入的机会窗。其过程将经历两个阶段，第一阶段为发现或创造机会窗，第二阶段则是依据需求要素和现有要素差异盘点可使用的服务要素集。（2）服务要素提取是指在已确定的可使用的服务要素集合中选择最优要素。一般将依据要素获取难易程度、价值增加程度进行判断。综合以上两方面，服务要素筛选即为依据需求切口进行服务要素盘点、选择并提取预计带来最大价值消耗最小成本的那部分服务资源与能力的过程。服务要素筛选带来了两方面结果：一是服务需求切口导致的企业价值链的解构；二是切口处服务要素的附着。择优提取的服务资源要素在装备制造企业价值链上的附着使企业能够表现出部分与产品相关的服务职能，即服务附加带来的产品质量的提升和产品的差异化。

在装备制造企业依据客户需求尝试弥补产品缺陷，并为客户提供全新体验的过程中，企业对产品的关注范围得到扩展，例如从交付产品本身拓展至产品质量与产品工艺的提高，甚至还涉及对功能与定制化的产品需求的关注。这一过程中，两种价值逻辑的兼容性逐渐提高，并开始从逻辑隔离阶段向融合阶段过渡，开始的能力鸿沟经历服务机会窗显现和服务要素盘点两个阶段，被具有互补性与匹配性的要素资源填补，并通过服务要素嵌入产生了与产品相关的价值增长点或者环节，得到基于服务化的能力表现。然而，游离于外部环境中的服务要素因出现服务切口被纳入企业价值环节，但新旧资源能力间并未产生交互。企业在此时也只是表现出部分服务职能，此时价值增值点初现，但新价值逻辑此阶段还不能指导或引领企业组织活动，即未能形成有效的服务逻辑下的企业规则与秩序，因此产生的竞争优势是阶段性的，难以维持。由此可得，产品的服务增值是装备制造企业基于服务要素筛选过程的阶段性输出成果。

2. 价值链网络结构优化

随着服务逻辑渗透进一步加深，服务要素持续吸收，与服务相关的企业组织活动增多，此时服务逻辑开始延伸并辐射更多企业组织行为。这一阶段的服务化战略使服务逻辑进一步提炼并精确成相关的组织规则。此时，无论是服务链延伸或是服务系统构建都将触发部门之间的整合过程。因此，装备制造企业依据服务逻辑调整组织行动目标，并通过组织规则重塑企业生产与管理流程的过程，将使融合的价值逻辑间的向心性得到提高。

产品—服务流程差异使以生产制造作为唯一核心价值的原装备制造企业在不改变组织生产流程的前提下无法顺利吸收服务要素。这就意味着，装备制造企业需要首先解决产品与服务差异造成的服务要素难以有效利用的问题。在服务要素提取后，知识外溢将服务要素内化为企业自身的资源与能力，服务价值的进一步获取势在必行。同时，在这一阶段的服务化过程里，企业也将吸纳更多来自 GVC 的资源与知识，资源要素吸收方式成为装备制造企业能否深度吸收服务资源并辐射更多组织行为的关键。为了众多来源与种类异质性的服务要素可以以自我调节、自我组织的方式进行要素的匹配、迭代与创新，企业迫切需要进行组织结构调整，并搭建服务化平台，以增强服务要素的广泛吸收与深度内化，并通过筛选要素内化的位置与程度两个方面影响这一阶段的服务化绩效。因为以上原因，在此阶段，"提供服务功能"被企业认为与"提供产品"同样重要，装备制造企业也将迎来组织流程的首次调整。装备制造企业依据服务逻辑调整组织行动目标，并通过基于服务的组织规则重塑企业生产与管理流程的过程，显著提高了企业价值逻辑的向心性。此过程包含两个位置和两个层次。两个位置指投入端吸收与产出端吸收，其决定了服务化的表达形式是生产要素还是创新产出。这也说明，此阶段可以是知识、技术密集型生产性服务投入增加的过程，也可以是依附于有形制造产品的产出增加过程，并且依据企业需要，两者可以搭配发生。但无论是哪一种，都使企业使用的资源、经历的生产环节和制造的产品发生了本质的改变，企业必然会调整组织活动以适应这一改变。两个层次是指吸收的强度与广度，这也往往体现了服务化的程度。广度方面，装备制造企业可以通过服务延伸的方式向价值链上游的研发设计或下游的销售等环节渗透。强度方面，当企业具备基于服务化的核心技术优势时，产品反而成了服务的附属品，甚至还可能实现完全去产品化。

随着服务逻辑渗透，装备制造企业逐渐呈现出产品逻辑与服务逻辑并重的混合逻辑形式，混合价值逻辑间的向心性得到提高，这使装备制造企业形成了以混合价值逻辑引领的企业战略定位，并以此形成装备制造企业在 GVC 治理结构下的行为动态。在 GVC 条件约束下，众多碎片化的生产组织机构是围绕治理结构规律完成汇聚的，基于服务化的组织规则将为企业寻找合适的市场并使其成为权力的一部分。组织规则变更引致的流程再造又将决定企业适合以何种定位进入 GVC 治理结构，即企业是应该以控制型组织行为改变、削弱现存的 GVC 治理关系，还是应该通过适应型组织行为在既定 GVC 治理约束下实现自身目标的最大化。基于服务化的企业价值增值点，随着服务化职能表现逐步生成关键价值增值点，这会引致互补与匹配性高的服务资源的持续吸收，并随着服务要素占比上升逐步形成价值资源整合需求。基于产品的组织惯例与基于服务的组织惯例间存在的明显差异，企业通过设立新的组织目标并以此为依据进行组织原则调整，并采取流程再造等组织行为实现服务要素与产品要素间的适配。通过组织流程的调整，对资源、知识和信息的整合，企业的核心能力得以保留与优化。企业在服务过程、服务体验或服务理论环节产生创新，服务创新位置进一步明确了企业的组织规律与行为。因此，服务要素通过组织结构调整在价值环节间完成了沉淀，装备制造企业升级能力开始由能力表现阶段逐渐演进到能力习得阶段，服务链拓展、延伸或服务系统构建使装备制造企业投入服务化与产出服务化的比重增加。企业提供的产品与服务不再隔离，生产、研发、顾客、市场协同作业下服务产出端的效率不断升高、服务不断改进，价值创新持续涌现。除此之外，基于服务化的灵活作业与柔性制造将改进并优化企业价值链结构，生产制造环节的附加值提升，使微笑曲线趋于平缓，甚至超过两端。这也使企业在 GVC 嵌入位置不变的基础上，实现隐性升级。

3. 治理结构升级

根据前一阶段的分析，以服务逻辑主导的新的价值创造点在服务逻辑地位不断提高中涌现，与此相关的组织活动增多，遵循不同逻辑下的目标分离诱发的组织流程不兼容造成了管理冲突，引发了价值逻辑间的竞争，此时企业的制度目标也一同进入冲突阶段。服务化将通过服务能力转化使制度逻辑的均衡性得到提高。

在这一过程中，服务能力转化将解决装备制造企业价值逻辑间的组织竞争问题，显著提高企业价值逻辑的兼容性，并随着价值逻辑磨合使装备制造企业混合价值逻辑得到均衡发展。持续的服务化过程通过服务要素的吸收与服务价值的传递使服务逻辑与产品逻辑在彼此间的渗透进一步加深。服务要素的持续吸收将使企业产生柔性化与精益化的生产过程，这一过程不但提高了企业的生产与管理效率，也降低了企业成本。由技术外溢引致的企业技术进步在经历前两个阶段后更易在这一阶段发生创新。最后，多维度的服务创新将通过联动与迭代效应转化为企业难以模仿且可持续的重要创新成果。与此同时，服务理论在这一阶段里也逐渐成熟并得到创新，并与新产品并行形成新的组织原则。此种情形下，所有知识与能力重新被打散成系统要素，自我编排、自我调节的系统为形成标准化模块并实现规模化效应做好了充分准备。首先形成的标准化可以使部门、环节与流程间都顺利并高效地完成交互，这使装备制造企业的链际间整合与迭代成为可能。具体实现过程是：服务要素和产品要素在完成吸收、整合后即将迎来多方联动，市场需求与客户导向等将形成规范要素融入多元逻辑，需求导向的产品创新能力与面向技术的服务创新能力进一步融合并最终形成了定制化的产品创新与标准化的服务创新。这种全面兼并使产品—服务逻辑产生了市场效应，并通过迅速占领多元化市场促进了企业价值逻辑向新的均衡过程调整，有望下一步在研发、营销等环节获得规模经济。其次，规模化将基于标准化的方案和应用平台技术，进一步优化企业流程、提高企业服务效率。此阶段企业也将真正实现"标准化制造"与"工业化服务"。基于标准化与规模化，高精度的需求响应得到积累、知识与互补资源完成了持续且高效的吸收、组织规则在服务与制造逻辑共同指导下实现了优化。由此，企业商业机遇得到拓展，并形成以价值创造为核心，用户体验和解决方案为基本输出的服务能力转化过程。已经习得的服务能力被要求向商业化转化，市场需求与顾客导向等使企业形成"生产—服务"的规范要素。此时企业得以精准把握并提高自身核心价值，冲突的混合逻辑目标重新调整为一致性目标，企业制度逻辑共融使企业制度逻辑达到均衡态。

服务能力转化使基于服务化的装备制造企业实现了服务赋能，价值逻辑兼容性的再次提高增强了企业组织结构与战略间的互补性。战略补位使企业最终以改变链网治理结构的方式实现了其在 GVC 上的升级。基于服务化的组织定义了提供附加值的市场，集权后的装备制造企业将在战略补位过程中实施市场控制并进行市场扩张。同时，解决附加值的市场与面对细分市场的差异化战略使装备制造企业具备了组织治理的基础，增加了其在相互作用的参与者网络主体之间开展谈判的话语权，装备制造企业将以链主的身份构建新的 GVC，实现显性升级。

2.3.2　基于服务化的装备制造企业 GVC 升级演化模型

综合前文分析，本书构建了基于服务化的装备制造企业 GVC 升级过程模型，如图 2－1 所示。这一升级过程由服务化过程、价值逻辑演化、基于服务化的企业 GVC 升级实现三个阶段构成。

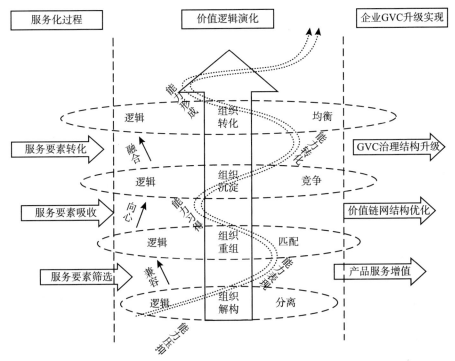

图 2－1　基于服务化的装备制造企业 GVC 升级演化过程模型

基于前文分析可知，基于服务化的装备制造企业价值逻辑是由传统逻辑向混合逻辑转化的复杂动态演化过程。由于服务逻辑是装备制造企业新萌生的制度逻辑，混合多元逻辑在到达均衡以前会呈现出相当程度的企业组织行动目标差异与逻辑间地位失衡，因此，需要经历一个动态的演化过程。装备制造企业的服务化战略在提高价值逻辑兼容性、向心性、融合性方面起到至关重要的作用，并经历"服务要素筛选—服务要素吸收—服务职能转化"的基本过程。这一面向流程的服务化过程，将使企业的组织制度经历"逻辑分离—逻辑匹配—逻辑竞争—逻辑均衡"的一系列阶段演化。由此也引发了企业的组织惯例由"解构—重组—沉淀—转化"的顺序演变，企业能力发生变迁，并经历"压抑—表现—习得—实现"的过程转化。不同阶段的升级能力，对应着基于服务化的装备制造企业不同阶段的 GVC 升级实现结果，分别为产品的服务增值、价值链网络结构的优化和治理结构的升级，并且阶段之间呈现逐渐递进关系。

综合以上分析结果可知，装备制造企业 GVC 升级能够通过服务资源要素筛选、吸收、转化等服务化战略方式实现。其过程主要是因为服务化战略可以引起企业价值逻辑的演化，企业价值逻辑作为企业重要的组织制度，其转变将引起企业组织惯例的更新，因此企业 GVC 升级能力获得变迁，这一变迁过程也对应了企业 GVC 升级实现的过程。由以上分析可知，服务化进程推进了装备制造企业的 GVC 升级进程，因此，加强装备制造企业服务要素筛选、吸收、转化等环节的成果转化将有效促进企业的 GVC 升级实现。

2.4　基于服务化的装备制造企业 GVC 升级影响因素识别

基于服务化的装备制造企业 GVC 升级过程是装备制造企业基于服务化手段，使企业多元价值逻辑关系逐渐从隔离态向均衡态演化的过程。这一演化过程导致企业的组织惯例发生解构、重组、沉淀并转化，同时也使 GVC 升级能力实现了"压抑—表现—习得—实现"的过程，并形成了产品的服务增值、价值链网结构优化、治理结构升级的阶段性升级成果。这为进一步自下而上探究影响我国基于服务化的装备制造企业 GVC 升级的共同影响因素做了充分的理论铺垫。本书运用扎根理论对影响装备制造企业 GVC 升级的影响因素进行了识别，并形成了理论性成果。

2.4.1　识别方法选择

基于服务化的装备制造企业 GVC 升级的研究具有三个特点：（1）装备造企业 GVC 升级的内涵及装备制造企业服务化内涵仍存争议，难以明确；（2）服务化和装备制造企业 GVC 升级与价值逻辑演化之间因果关系复杂；（3）基于微观视角的 GVC 升级问题研究处于起步阶段且实证研究极为匮乏。由此可见，基于服务化的装备制造企业 GVC 升级研究的理论框架尚未构建完全，并且相关概念模糊导致的概念测量困难等问题，均将研究方法指向了数据资料归集方法与分析逻辑更为严谨的质化研究方法——扎根理论。扎根理论认为理论框架应来源于真实案例的解释性总结，即依据微弱操控下某一特定事件发生的真实背景，通过原始资料的归集与分析、总结，寻找研究问题的本质规律，并最终上升至新理论的定性研究过程。扎根理论的研究理念与过程也使其成为更为规范与准确的质化研究方法之一，被广泛使用在社会科学等研究领域。因此，本书运用扎根方法，从基于服务化的 GVC 升级演化过程出发，通过资料分析论证逻辑真伪并尝试识别基于服务化的装备制造企业 GVC 升级影响因素。

基于服务化的装备制造企业 GVC 升级是一个复杂的系统工程，其影响因素众多，需要全面考虑各要素对升级结果的影响以及制约，以此来谋求企业在 GVC 上的升级突破。由前人的研究基础可见，基于服务化的装备制造企业 GVC 升级过程中的影响因素多数以企业内外部因素为主线，这一基本轮廓也成为本书研究的重要基础。外部因素作为前置环境促进或制约着升级的方式与进程，而企业自身的能力与资源是在外部要素压力下更为重要的升级驱动因素，其决定着企业升级的模式与路径选择，并通过结果反过来作用于外部要素。本书运用社会科学研究中应用最广泛的"程序化扎根理论方法"对基于服务化的装备制造企业 GVC 升级实现结果的影响因素进行了资料归集与比对，并针对比对结果持续修正、整合，直至新的资料对构建的理论框架不再产生影响，此时，即认为已经达到了理论饱和。

2.4.2　数据收集

为了提高结论的适用性、系统性与继承性，本书将遵循理论抽样的原则进行样本筛选。（1）兼顾样本资料的可得性、相关性与完整性，选择可被观察的代表型企业作为调查研究对象。选择原则包括：企业拥有核心产品，规模较大且产品种类丰富，具备典型的产品与服务模式，并在实施服务化策略前后，企业 GVC 竞争水平与地位有所提升。（2）充分考虑行业的覆盖性与典型性。（3）样本企业领导层，需要有包含服务逻辑的价值主张，并愿意以此来指导企业行为。据此，本书选取 24 家装备制造企业作为调研样本，其中包括 6 家电气机械及器材制造企业，5 家通用设备制造企业，6 家汽车制造企业，3 家计算机、通信与其他电子设备制造企业，2 家专用设备制造企业，2 家仪器仪表制造企业。本书采用了多样化的数据来源以确保研究的整体性与演进性。其中包括通过总工程师、规划发展部部长、技术部门主管及技术管理人员、办公室日常事务记录秘书等得到的一手资料，资料来源方式还包括半结构化访谈、非正式访谈、会议记录、直接观察等多种形式。单次访谈时长 2～4 小时，访谈提纲主要围绕"基于服务化的装备制造企业 GVC 升级行为认知""企业服务化与企业 GVC 升级间关系""基于服务化的企业 GVC 升级的关键影响因素与影响过程""基于服务化的企业 GVC 升级的组织行为""企业在 GVC 上升级的实现与相关环节"五个方面的议题展开，共 10 个预设问题。

在信度与效度方面，本书通过制定以下规则以保证编码过程的信度与效度：（1）现象挖掘超饱和；（2）现象概括原文字；（3）过程编码强监控。第一，本访谈过程共形成 20 余万字的转录文字资料，并对关键节点的重要信息辅以二手资料进行三角验证，包括新闻报道、公司年鉴和企业战略科研报告等，以及公开发表的文章 200 余篇，传记类书籍 4 部。因此，本书公开数据较为充裕，足以满足质化研究所需。在后期，本研究还联系了若干名同行专家对案例资料进行分析、探讨，试图对产生的对立的竞争性解释进行重新审视与修正，直至对立性解释消除，并留存整理了 15% 的原始资料用于理论饱和度检验。第二，在访谈过程中，依据被访谈者的回答，对内容进行复述与探讨以减少理解偏差。同时，文本用于编码的案例语句均由来源语句构成，以免偏颇，确保了研究的真实、可靠性。第三，在编码阶段，课题组三位成员同步进行资料归集，并互相判断同意度，其中相互同意度及信度公式遵循 A. 斯特劳斯和 J. 科尔比（A. Strauss and J. Corbin，1990）的计算方法，如式（2-1）所示：

$$R = \frac{n \times \overline{K}}{1 + (n-1) \times \overline{K}} \qquad (2-1)$$

其中：R 为分析人员的信度；n 为分析人员的数量；$\overline{K}$ 为分析人员平均相互同意度；$\overline{K}$ 如式（2-2）所示，K_{ij} 如式（2-3）所示：

$$\overline{K} = \frac{2 \sum\limits_{i=1} \sum\limits_{j=1} K_{ij}}{n \times (n-1)} (i \neq j) \qquad (2-2)$$

$$K_{ij} = \frac{2M}{N_i + N_j} \qquad (2-3)$$

其中：K_{ij} 为分析人员 i 与分析人员 j 相互同意度；N_i 为分析人员 i 做出分析的总项数；N_j 为分析人员 j 做出分析的总项数；M 为分析人员 i 与分析人员 j 意见一致的项数。

经计算，编码相互同意度和分析者信度均大于 0.8，编码人员的编码结果一致性较高。

2.4.3 数据分析

本研究遵循程序化扎根理论的一般研究步骤，依次执行开放编码、主轴编码、选择性编码等任务，最终检验模型的理论饱和度。

1. 开放式编码

开放式编码是将归集到的原始数据进行概念化、范畴化的过程。本书首先对搜集到的原始材料内容进行逐句分解，依据材料中的内容将关键词进行编号。需要注意的是，在此过程中，评论的初始概念须根据标签化数据自然涌现，以确保代码的形成不受编码人主观思维的影响。其次，筛选出频次高于两次的初始概念，对初始概念间逻辑关系进行归纳，并提炼范畴。最后，循环以上步骤直到不再出现需要删除的概念。本书基于原始资料语句得到66个标签化成果，并通过提炼得到10个范畴化结果，最终将这些范畴化成果归集为4个主范畴。本书通过原始语句得到的开放式编码的标签化与概念化成果如表2-1所示。

表 2 - 1　　　　　　　　　　　　　开放式编码示例

原始资料	开放性编码—标签化 a_{mn}	开放性编码—概念化 aa_m	开放性编码—范畴化 A_m
1. 公司的愿景是打造世界装备制造动力航母 2. 而且我们需要承载与彰显的是民族动力的风采，这也是我们公司的使命 3. 我们公司的宗旨是要为世界的大型装备企业提供产品与服务，并且与人民生活息息相关，这关乎人类的光明 4. 公司近阶段的目标是打造"中国最好"，还要继续打造"世界一流"	a11 发展愿景 a12 发展使命 a13 发展宗旨 a14 发展目标	aa1 战略理念创新	
1. 核心理念是以人致远，以强制胜 2. 同心而动、聚力生辉为核心价值观 3. 企业以创新无限、动力不竭作为核心企业管理精神 4. 在 GVC 视角下，励志进取、不进则退，这也是创新理念 5. 经营理念很重要，通过品牌领航的基础上逐渐达到诚信远航 6. 在我们的管理理念中，没有比科学、严格、规范更重要的事了 7. 企业管理作风决定了企业向什么方向走，能走多远，要秉承慎思敏行，求真务实的作风 8. 企业有义务向每一名员工灌输企业的道德理念，忠诚、奉献、尽责是企业发展的前提	a21 管理核心 a22 管理价值观 a23 管理精神 a24 创新理念 a25 经营理念 a26 管理理念 a27 管理作风 a28 管理道德	aa2 管理理念创新	

续表

原始资料	开放性编码—标签化 a_{mn}	开放性编码—概念化 aa_m	开放性编码—范畴化 A_m
1. 人力资本对装备制造企业而言是第一生产力，企业的用人原则就是以德为先，才尽其用，人才培训，人才吸引，跨组织交流，这些都是我们的人力资源基础 2. 企业需要打造员工正确的事业观，融入企业，奉献企业，当然企业也要保证每名员工拥有他们的精彩人生，这是可持续的组织文化，这样员工也能更深刻地理解客户的诉求与期望 3. 企业组织管理必须转为发展的视角，做强主业，协同合作十分重要，协作的前提更重要，就是要以客户为本 4. 在这一过程里也逐渐形成了我们的品牌观，要创世界装备名牌，铸企业的制造丰碑 5. 成本依旧是企业获得竞争优势的关键一环，需要不断地进行优化，完成管理上的创新 6. 大型装备，安全观是制造的前提，服务化需要助力我们实现流程的完全监控与反馈 7. 我们的大型器械质量代表了一切，服务化助我们打造精细且工艺先进的工程 8. 企业要明确服务对象，客户价值是我们企业现阶段以及未来服务的中心，必须考虑追求用户的绝对满意，当然，服务国家战略、履行社会责任也至关重要，这些都关乎企业的长期发展，缺一不可 9. 企业必须有环境观，碳达峰、碳中和再度证明了这一点，大型企业首先需要的是环境友好	a31 选人文化 a32 用人文化 a33 发展理念 a34 品牌理念 a35 成本管控理念 a36 安全原则 a37 质量原则 a38 服务原则 a39 环境理念	aa3 发展文化包容	A1 组织文化塑造能力
1. 我们属于电动机产业，最重要的是如何进行产业资源的整合，在此基础上还要考虑布局优化，外包、合并都是我们实现这两个目标可能采取的策略 2. 我们 2003 年成立了环保产业事业部，2015 年又根据企业情况，将其划拨为子公司，集约营销资源也是为了突出发展企业的核心动态能力	a41 优化配置 a42 动态管理	aa4 组织结构松弛	
1. 集团下设的每个企业均为独立法人，依据生产制造内容随时变换组织方式 2. 我们拥有总部、事业部、企业 3 个层级的管理方式，此种谋划方式下，企业可以仅对产品、服务负责，事业部对经营负责，总部针对产业负责 3. 我们下设的子企业都有自己的主导产品，并且职责划分明晰。以旗下某子公司为例：A 公司经营各类发电机、控制设备以及新能源产品；B 公司经营火力发电产品；C 公司经营火电、核电、工业、燃气轮机等主动力装置产品，而且子公司间协同作业特征明显 4. 企业根据合同进行生产和加工委托等内部协同配套，服务化策略下，企业的库存、产能、资金在一定程度上都是可以调配和共享的	a51 法人化 a52 层级化 a53 高效化 a54 协同化	aa5 组织设计方式	A2 组织惯例

续表

原始资料	开放性编码—标签化 a_{mn}	开放性编码—概念化 aa_m	开放性编码—范畴化 A_m
1. 企业与资源综合利用研究所、K 集团等单位在设备设计、技术联合开发、资源共享方面开展了较为全面的战略协同合作，在这一过程中发生了明显的知识交互与转移 2. 企业发展规划中明确了以长期发展为企业战略引领，并布置了统筹产业发展、投资重点项目、机构等工作安排 3. 结合企业总体规划，针对各部门情况制定差异化的考核目标，服务化策略加强了对运营情况的考核和监督	a61 战略协同 a62 战略引领 a63 运营管控	aa6 内外部组织关系	A2 组织惯例
1. 企业产品范围迅速扩张，已遍布多种行业，包括大型设备生产制造、工程总承包、通用设备制造、制造 – 服务、金融业务、新产品新产业等 2. 我们的核心产品出口到俄罗斯、迪拜、土耳其、巴西、印度、印度尼西亚等 50 多个国家和地区 3. 公司涉及的产品—服务得到了拓展，包括备品备件联合储备、售后服务、配合设备的生产制造、工程总承包等多种方式	a71 跨行业 a72 多国别 a73 多产业	aa7 组织开放度	
企业以产品—服务的营销业务为依托，设立了营销事业部，通过加强设备、服务、国际产业等领域的市场响应速度提高企业专业化能力	a81 事业部模式	aa8 组织机制灵活	
2018 年子企业 F 完成了混合所有制改革工作，并引入资本 2.2 亿元，在金融服务的加持下，企业集中突破了高端产品技术壁垒；通过整合上下游环节资源，培育壮大了企业发展	a91 混合所有制	aa9 组织体制创新	A3 组织制度构建能力
1. 在二期项目中，我们向客户提供了具备数智化的运维服务产品，实现了设备状态的实时监控与反馈，为我们与大集团、重点客户之间的合作奠定了基础 2. G 子公司通过收购 ZS 工程有限公司 50.42% 的股权，获得柔性填埋场能力，补全了企业在固废危废业务方面的发展资质与能力	a101 资源要素 a102 资源层级	aa10 资源识别与选择	
1. 与 GD、TH 等科研机构和高校形成了技术联盟，这也使得企业得以在资源动力、先进制造、新材料应用、人才培养等领域全方位开展合作 2. 与 GE 合作成立合资公司，企业业务能够覆盖更高级别高端装备的本土化制造，还包括获得与生产制造相关的众多资源能力等，而这些资源最重要的特质是，可以补全企业原本的技术缺口 3. 与 GC 合作，围绕水下 UUV 技术展开了产业合作，合作目的是利用好当前的企业技术与资源，充分发挥资源互补效应	a111 资源联盟 a112 资源并购 a113 资源关联性	aa11 资源吸收	A4 服务资源汲取能力

续表

原始资料	开放性编码—标签化 a_{mn}	开放性编码—概念化 aa_m	开放性编码—范畴化 A_m
1. 统筹国际业务资源，更多合作国家设立营销服务中心，并通过周边市场持续辐射，形成整体国际营销系统 2. 设立服务事业部，发展服务业务规模优化产业结构、拓展服务业务板块	a121 资源使用效率提高 a122 资源效果	aa12 资源配置	A4 服务资源汲取能力
1. 成立研究院，主要目的是解决智能制造、新能源、智能控制等方面的技术突破等问题 2. 我们要继续推进技术引进，同时通过建设合资公司发展企业的自主创新能力，两项结合是企业能力转换的关键	a131 资源整合 a132 资源转化	aa13 资源激活	A5 服务融合
1. 通过成立研究院、整合工程研究中心，完善企业科研体系 2. 企业近两年荣获了中国工业大奖，以及三项国家科技进步特等奖 3. 完善了技术创新平台，建设了创客空间平台、投融资平台等平台经济，也以此培育了企业的新产业、新业务，推进了新产业的发展	a141 设立研究平台 a142 技术突破 a143 产业孵化与培育	aa14 资源开发	
1. "运维检"全生命周期延伸服务平台、智能化服务模式、区域服务中心为客户提供了系统的解决方案和增值服务 2. 取得总承包三级资质，实现系统成套升级改造 EPC 项目突破 3 提供的资源由传统集中式产品向分布式、互联数字化、智能化、集成模块化、可再生等方向过渡和转型	a151 服务附加 a152 全链条服务 a153 资源供给形态	aa15 服务资源提供	
1. 在新城市投资、建设、运营生物质热电厂，提升了设备市场需求认知，市场需求迅速扩张 2. 由传统高耗能领域转变为低耗能领域，这一转变为我们打开了新的市场大门；由传统设备向联产设备转变，市场范围得到扩张	a161 需求市场扩张 a162 新市场拓展	aa16 客户更新	A6 服务延伸与创新
1. 针对金融服务等业务单独设立了财务公司 2. 设立融资租赁公司，开展高端装备的融资租赁服务业务	a171 金融服务 a172 全生命周期服务	aa17 服务创新	

续表

原始资料	开放性编码—标签化 a_{mn}	开放性编码—概念化 aa_m	开放性编码—范畴化 A_m
1. 组织规则设立要符合企业的高质量发展，做到时效性、结构化、保质量、重安全的基本原则。做好环境友好新型产品开发，以塑造海内外的企业形象 2. 与 A 省政府、B 省政府、C 市政府、F 市政府等签订新资源开发协议；在与环境可持续、制造可持续相关的多个领域推动产品技术升级和市场开发 3. 开发余热利用、新能源动力设备产品、开发清洁领域产品、研究、推广、应用一批节能减碳技术 4. 在水治理项目契机下，企业开发了污水处理技术，延展了产品市场范围	a181 环境友好 a182 去煤化 a183 新能源业务 a184 循环经济	aa18 绿色制造	
1. 依据互联网与智能制造等技术，打造了企业内部智能制造、协同制造平台，服务化深度得以实现 2. 机器人、增材制造、3D 打印等技术的广泛使用 3. 在管理信息化、生产智能化以及大数据处理能力的基础上，探索产品数据化的技术应用	a191 数字化技术	aa19 数字化技术	
1. 可再生能源装备以及先进储能装置的蓬勃发展，使企业在解决产品全生命周期等问题上有所突破 2. 智能、分布式智能供能系统、新型基础设施建设等领域的技术应用和产业形态不断取得突破，并进入快速发展阶段，极大助力了服务化过程的开展	a201 全周期技术突破	aa20 全生命周期技术突破	A7 技术环境
随着国内企业参与全球化发展进程加快，表现出对外竞争缺乏主体优势，对内竞争同质化加剧等特征，而且在技术创新、生产组织和成本管控等方面面临更大挑战	a211 行业竞争者分析	aa21 竞合关系	
企业处于产业中游，行业利润能力弱，原材料价格上涨导致成本较高，行业竞争导致产品价格逐年降低	a221 产业链位置	aa22 链网位置	
市场结构迅速调整，国际市场结构正在重塑，传统项目日益减少，这是威胁，但也是利用服务化重构 GVC 的契机	a231 国际环境形势	aa23 国际形势	A8 市场竞争环境
1. 生产性服务业的进入壁垒降低，便于开展与生产相关的服务化业务 2. 数字化、网络化、智能化的发展明显巩固了企业的核心技术能力 3. 深度两业融合发展是企业 GVC 升级的重要支撑	a241 产业壁垒降低 a242 两化融合 a243 两业融合	aa24 产业融合	

续表

原始资料	开放性编码—标签化 a_{mn}	开放性编码—概念化 aa_m	开放性编码—范畴化 A_m
1. 市场对服务的需求增长速度超过了对设备需求的增长速度，企业在大数据、物联网、工业互联网等技术和商业模式方面进行了重点突破 2. 新型基础设施建设衍生出更多产业集群，培育发展新动能必须依靠跨产业手段	a251 结构调整	aa25 市场结构调整	
1. 深入推进了节能减排和能源供给侧管理；推动了煤炭清洁高效开发利用、优化了能源生产布局 2. 市场化竞争环境逐步健全，规范交叉补贴调整机制，完善辅助服务价格形成机制	a261 能源革命 a262 市场化机制	aa26 能源结构调整	A9 政策环境
1. 客户的需求更多集中在工业互联网等服务技术方面 2. 针对旧设备抵现、资源再利用等用户的痛点问题，企业制定了设计、生产、制造方案，并明显增加了用户黏性；分析用户需求构成是项目前期设计与开发最重要的一部分	a271 客户价值 a272 客户需求	aa27 服务需求	
1. 对产品价格进行约定，提出报价需求，了解市场的支付意愿，尤其是对服务的提供 2. 客户更加明确产品质量方面的要求，企业必须拥有健全的质量管理体系，质量管理贯穿企业营销、采购、生产、运输和服务的每一个环节，实现质量管理全覆盖 3. 客户会明确说出希望的生产设计过程，对工期也有明确预期，装备制造企业的客户要求十分具体	a281 市场报价 a282 质量受控 a283 工期合理	aa28 客户认知	A10 市场需求环境

2. 主轴编码

主轴编码下的主范畴成果与内涵如表 2-2 所示。

表 2-2　　　　　　　　　　主范畴成果与内涵

主范畴	对应初始范畴	主范畴内涵
环境条件约束	技术环境	对装备制造企业 GVC 升级产生影响的外部环境及约束条件
	市场竞争环境	
	政策环境	
	市场需求环境	

主范畴	对应初始范畴	主范畴内涵
组织协同能力	组织文化塑造	装备制造企业依据组织设计原则、运用组织管理手段，构建基于服务化的企业组织制度，组建协同企业各价值环节的能力
	组织惯例	
	组织制度构建	
服务资源整合能力	服务资源汲散	装备制造企业对服务资源进行投入、集成、产出的过程
	服务融合	
	服务延伸与创新	

3. 选择性编码

独立的 4 个主范畴无法解释整个事件的来龙去脉。本书针对主范畴得到的成果进行选择性编码，通过对原始数据以及得到的各级范畴成果深入剖析，进一步挖掘可以统领主范畴的完整逻辑框架。为了保证理论模型效度，避免由资料直接上升到理论框架跨越过大的问题，本书以"条件—行为—结果"这一典型理论关系结构为基础，构建了扎根的理论框架，并依据理论框架结果进一步明确了影响因素对升级结果的影响程度，主范畴关系结构内涵如表 2-3 所示。对 66 个标签化成果和 10 个副范畴及 4 个主范畴进行分析得到的"故事线"为：企业组织协同能力与服务资源整合能力是决定装备制造企业 GVC 升级行为的关键因素，并受到外部动态环境的推动以及约束，并且，企业组织协同能力与服务资源整合能力在原始资料中反复出现，确实对企业在 GVC 上的升级方式与结果产生决定性的作用，能够作为核心范畴。因此，基于服务化的装备制造企业以环境条件约束作为升级的约束条件，以装备制造企业自主能力指导升级行为的概念框架如图 2-2 所示。

表 2-3　　　　　　　　　　**主范畴关系结构内涵**

主范畴	关系结构内涵
环境条件约束→装备制造企业 GVC 升级	企业的升级行为受到外部环境因素的制约，但尚且达不到被外部环境条件约束支配的程度，影响的仅是企业在既定升级路径下可实现的升级空间与升级形式；同时，不同类型的装备制造企业受外部环境维度的影响程度存在差异，例如，有的受技术周期影响明显，有的则受市场需求或竞争的影响明显；而企业依据自主能力的转变、升级行为的深入也在塑造和重构自身所处的环境条件；忽略外部条件与约束，盲目升级，可能造成装备制造在升级过程中的资源浪费以及升级过程受阻等问题，甚至还可能导致企业 GVC 升级失败

续表

主范畴	关系结构内涵
企业组织协同能力→ 装备制造企业 GVC 升级	基于服务化的装备制造企业 GVC 升级受到企业组织协同能力的影响显著，企业组织协同能力为企业 GVC 升级提供了可持续升级的组织动能，并决定了服务化战略行为
服务资源整合能力→ 装备制造企业 GVC 升级	服务资源整合能力是装备制造企业开发利用服务资源的能力，其通过影响服务化过程影响了企业 GVC 升级的深度、广度和强度，是企业 GVC 升级的重要资源、能力基础

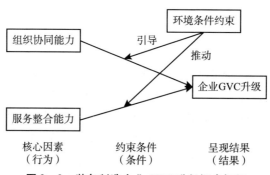

图 2 - 2 装备制造企业 GVC 升级概念框架

4. 理论饱和度检验

为了保证理论模型构建的严密性，本书预留了分布于不同行业类型下的 6 个案例，针对这些案例的 96 条资料重复以上过程以试图形成新的完整范畴，并与已经形成的范畴进行比较，直至达到理论饱和为止。结果显示，此过程中并无新范畴产生。因此，通过扎根理论最终得到的基于服务化的装备制造企业 GVC 升级的影响因素为企业组织协同能力、服务资源整合能力、环境条件约束，其中前两者为影响企业行为的关键因素，影响着企业 GVC 升级的具体方式与实现结果。

2.5 基于服务化的装备制造企业 GVC 升级路径框架设计

根据前文对升级机理的分析可知，装备制造企业的 GVC 升级遵循装备制造企业的多元价值逻辑演化规律，是一个循序渐进的过程。在这一过程中，企业的组织结构不断优化，外部联系持续扩展，系统功能逐步提升。基于此，本书对基于服务化的装备制造企业 GVC 升级路径进行了总体分析与框架设计，主要包括装备制造企业 GVC 升级的路径类型划分、路径体系构建以及路径关系。

2.5.1　基于服务化的装备制造企业 GVC 升级路径设计思路

依据扎根理论可知，组织协同能力和服务资源整合能力是影响装备制造企业 GVC 升级行为的两个关键要素，"环境条件约束"为影响升级的外部条件约束要素，这三个因素共同构成了企业 GVC 升级的关键要素。企业的升级进程某种程度上受到升级关键影响因素要素水平影响，尤其是受到关乎企业升级行为的要素影响，因为其决定了企业 GVC 升级路径的选择。因此，推动此类关键要素提升即推动了装备制造企业的 GVC 升级。除此之外，由前文分析可知，企业 GVC 升级强调的是通过破解环境压力，实现的可持续企业动态能力的提升。由此可见，升级路径构建目标是形成企业动态内生的比较优势。因此，重点应先考虑企业主观能动要素对企业 GVC 升级基础路径的影响。外部要素"环境条件约束"并非不影响装备制造企业 GVC 升级路径，只是不影响以企业自主能力为主的基础升级路径划分，更多是通过影响企业 GVC 升级空间或路径下的具体情境影响企业 GVC 升级。基于此，企业组织协同能力与服务资源整合能力构成了影响企业 GVC 升级路径归类的关键要素。

环境条件约束要素虽然也是重要的影响因素，但考虑到以下两个原因，本书在路径设计阶段隐去了这一条件。第一，依据三个要素结构形成的路径将多达 8 条，鉴于本书篇幅有限，无法详尽构建完整的 8 条路径。第二，企业 GVC 升级的关键是企业自身能力的提升，虽与外部因素有关，但相比于影响企业升级行为的另外两个要素，不起到升级路径划分的决定性作用。因此，环境条件约束要素可不参与基础路径的划分，只需要在基础路径划分前提下做具体升级方式与模式的区分。并且，基于前文可知，不同类型的装备制造企业受外部环境维度的影响程度存在差异，例如，有的受技术周期影响明显，有的则受市场需求或竞争的影响明显，这需要依据路径构建，针对路径内涵与特征进行具体分析。基于此，服务资源整合能力、企业组织协同能力构成了本书升级路径划分的参考对象。

然而，即便得到了影响升级的关键要素，但装备制造企业要素的基础水平各异，在资源有限性和 GVC 升级时效性的背景下，关键驱动要素难以同步实现提升，往往会依据企业资源与能力的差异，形成差异化的要素结构，从而导致要素水平的提升顺序也具有差异性。因此，本书依据两种要素的高、低水平差异进行了升级路径的设计，分别为双低要素组合、高—低要素组合、低—高要素组合、双高要素组合四种要素结构对应的装备制造企业 GVC 升级基本路径。

基于以上分析，本书设计了基于服务化的装备制造企业 GVC 升级路径，具体思路如下：由于每一种要素结构都对应企业不同的升级阶段，不同阶段的企业 GVC 升级对应着各自适应的升级路径，存在"关键要素结构—企业 GVC 升级阶段—升级路径"的对应关系。基于以上分析，"关键要素结构—企业 GVC 升级阶段—企业 GVC 升级路径"成为本书构建基于服务化的装备制造企业 GVC 升级路径的基本思路。

2.5.2　基于服务化的装备制造企业 GVC 升级路径体系构建

基于前文要素结构，本书得到四类基于服务化的装备制造企业 GVC 升级路径。通过对关键要素进行值域范围的基础划分，得到高、低两个类别下的四种差异化要素结构。这四种要素结构即对应了四种企业 GVC 升级路径。差异化关键要素结构下的企业 GVC 升级路径划分模型如图 2 - 3 所示。

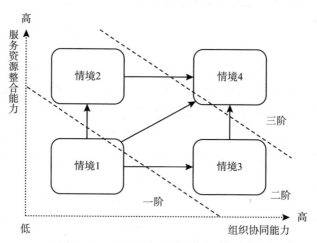

图 2 - 3　企业 GVC 升级路径划分模型

第一种情境与第四种情境分别处于要素水平均低与要素水平均高的要素结构状态，这也是企业 GVC 升级最初级阶段与最高级阶段。值得注意的是，第二种情景与第三种情境是处于同层级的两种升级路径。在第二种情景中，企业组织协同能力较低，而企业服务资源整合能力较强，企业将主要依靠服务资源整合能力这一关键要素优势进行其在 GVC 上的升级。在这一路径升级过程中，随着服务资源的不断整合，装备制造企业的生产制造活动也因高级服务资源与知识的持续流入、集成与整合产生更多的交互与反应。在装备制造企业的知识储备与核心能力持续提升、技术不断积累下，企业获得 GVC 升级动能。在这一过程中，装备制造企业的劣势要素"企业组织协同能力"伴随着企业资源与组织的持续优化，也得到改进，并在要素水平获得明显提高时，企业要素结构开始向第四种要素结构情境形态逼近。此时，企业也将进入 GVC 升级新的路径阶段。同理，当装备制造企业利用"组织协同能力要素"优势实现 GVC 升级时，其对应的要素结构是"组织协同能力"在要素水平中居于高位。良好的组织协同关系引致各主体针对链上关键技术展开频繁交互与合作，关键技术能力逐渐取得突破，专业化能力得到提高。掌握关键技术的装备制造企业在 GVC 上更具话语权，这也促进了企业的"服务资源整合能力"要素水平的提升，并当其突破中等阈值时，企业将同样进入第四种情境下的升级阶段。由于企业不会同时存在两种或两种以上不同的要素结构形态，因此每种企业的 GVC 升级路径都具有排他性。又因为在这种要素结构划分下，企业必然会与其中一种要素结构对应，因此这种路径划分方式也同样具备整体性特征。

当影响升级的关键要素呈现双低结构时，即呈现"低企业组织协同能力—低服务资源整合能力"的要素结构，一方面，服务资源整合能力弱使企业难以将外部环境与企业自身的知识、资源、能力基于某一关键战略目标进行直接捆绑；另一方面，低的企业组织协同能力又意味着企业难以通过组织管理进行流程、环节以及链网上的融合。较差的组织协同能力与较低的资源整合能力使企业既不具备可持续升级的组织动能，也不具备利用与集成关键资源的能力，企业被锁定于低端市场，市场定位也只能在低端细分市场。同时，服务化战略实施仍需要以产品为中心，产品不连续位置处的服务性能拓展为企业最主要的价值增值方式，这也将构成此类企业实现 GVC 升级的可行路径。因此，需求市场的客户诉求是企业基于服务化实现 GVC 升级的主要依据与抓手。双低要素结构下，装备制造企业通过形成以特定需求市场为升级基础、以产品为中心的离散式的服务附加与服务拓展，满足市场产品—服务诉求，并在掌控特定细分市场后，逐渐入侵 GVC 主流市场。基于以上分析，双低要素结构下，装备制造企业基于服务化的 GVC 升级遵循价值点拓展型 GVC 升级路径。

当装备制造企业要素呈现高—低结构时，具体为：高服务资源整合能力—低企业组织协同能力结构时，一方面，高服务资源整合能力下企业资源间的流动较为畅通，可利用的资源也较为丰富，这为企业寻求特定点位的技术进步与价值创新提供了可塑造的资源基础；另一方面，低组织协同能力下企业不具备多元性、柔性且动态性的组织管理结构，组织间协同能力弱，组织结构固化且具有路径依赖特征的装备制造企业难以通过组织间的互动与合作实现企业的商业模式变革或者价值共创。由于企业利用、开发服务资源的能力较强，企业所处的 GVC 的核心技术往往也趋于成熟，企业实现 GVC 升级的关键即与被纳入链网的关键技术息息相关。因此，企业自身核心技术的改进与跃迁是其实现 GVC 升级的可行路径。同时，在组织协同能力较差的情况下，企业更适合将远离核心竞争力的传统产业从融合后的产业中剥离出去，集中资源以提升企业的核心技术能力。因此，高—低型要素结构下，装备制造企业将通过提高制造环节中核心点位的技术水平与能力，提高其在 GVC 中嵌入片段的市场垄断性及附加值，从而改变微笑曲线陡峭度或曲线形状，以缩小现有 GVC 内各环节之间在价值增值能力以及收益分配地位上的差距。

当装备制造企业要素呈现低—高结构（即低服务资源整合能力—高企业组织协同能力结构）时，组织协同能力较强的装备制造企业多为高新技术和生产制造主导的大型装备制造企业，这类企业的组织多元性特征明显，并且多元组织间具备较强的连通性。这使企业众多价值环节借助企业组织协同能力优势完成链接并产生相互作用，原本片段化的企业 GVC 嵌入区段实现联通。但要素水平的提升很难同时完成，而是需要一部分环节或者单元水平先提上去，再反哺更核心的价值模块，因此可能涉及企业价值环节交替改进与提升。因此，低—高型要素结构下的装备制造企业 GVC 升级遵循企业价值环节延伸型 GVC 升级路径。

当装备制造企业要素结构为双高型时，即具备高企业服务资源整合能力与高企业组织协同能力时，企业精细化单元纵横关联。企业可依据"复杂产品 + 服务"复合需求，全面调动并整合高级服务资源。此时，组织间的界限高度模糊，企业借助环境中的一切能力与资源优势实现对市场需求的实时响应，实现了以自身为主导、一切价值主体高度互联的网络结构，这将实现对原 GVC 的动态重构。因此，双高型要素结构下。当细分价值单元规模膨胀，网络制度逻辑得到统一时，原 GVC 便发生解构，新的动态可更新的 GVC 组建完成。

综上所述，本书依据影响装备制造企业 GVC 升级关键要素的要素结构，构建了基于服务化的装备制造企业 GVC 升级路径体系，并依据要素结构特征分别将四条路径命名为价值点拓展型、核心点位跨越型、价值环节延伸型、链网重构型四种 GVC 升级路径。

2.5.3　基于服务化的装备制造企业 GVC 升级路径关系分析

本书以基于服务化的装备制造企业 GVC 升级关键要素的要素结构作为路径构建的基本依据，通过分析路径适用范围的独立性、路径构成的全面性以及路径间的层次性来揭示四条升级路径间的相互关系。

1. 路径适用范围的独立性分析

本书将影响装备制造企业 GVC 升级的两个关键要素分别作为横纵坐标，依据要素高低水平进行了要素结构分类，并将这四个类别分别构建为四条升级路径。在这种划分标准下，一个企业在一个阶段内不会同时存在两种或两种以上不同的要素结构形态，因此每个企业某一阶段内的 GVC 升级路径都具有排他性。除此之外，因为四条路径都归属于不同的要素结构，因此拥有各自的初始适用范围，这也意味着四种路径的路径内涵、特征、路径构建方式及运行策略也具备差异性。因此，路径具备独立性特征。

2. 路径构成的全面性分析

首先，要素结构划分视角下，企业必然会与其中一种要素结构对应，因此具备整体性。其次，当考虑加入新的驱动要素时，因其不属于影响企业 GVC 升级路径基础分类的关键驱动要素，因此不会产生新的路径类别，而只会在某一条原有路径下形成细分模式或者影响路径实现的空间，即四条路径包含了所有细分路径类别，具有全面性。

3. 路径间的层次性分析

本书构建的四种升级路径具备一定程度的演进关系。根据要素结构差异，路径依据要素结构被分为四个类别，并分别对应 L－L、L－H、H－L、H－H 四种要素结构特征。这四个类别涵盖了关键要素水平演进的各个阶段，并呈现逐步提升的基本态势（见图 2－4）。

因为路径构建依据是企业要素结构，在单一时刻具有唯一性，因此所处的升级路径层次也唯一。随着要素水平的提升，要素结构发生演化，当劣势要素水平升至新区间时，企业 GVC 升级路径所处层次得到同步跃迁。例如，L－H、H－L、H－H 都将可能成为初级升级路径下的升级实现点位。由此也可推断出，H－H 将是 L－H、H－L 与 L－L 三种要素结构对应的升级路径的升级终态。企业所处升级层次与升级演化终态的几种具体情况如下。

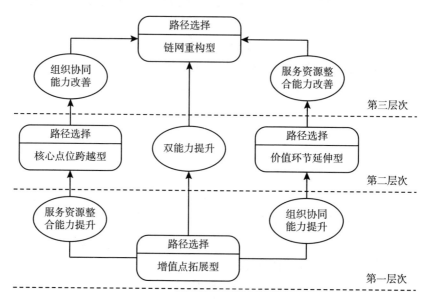

图 2-4　企业 GVC 升级路径间的演进关系框架

（1）当初始路径层次是价值点拓展型 GVC 升级路径时，依据升级路径的属性及升级特点可知，升级实现时企业将可能被抬升到第二阶升级层次或第三阶升级层次。伴随单一要素的提升，企业往往首先上升到第二阶升级层次。第二阶升级层次存在两种要素结构，因此存在两种升级路径，分别是核心点位跨越型和价值环节延伸型 GVC 升级路径。但若处于初级层次企业在升级过程中，同步提升了两个关键要素水平，初级层次的装备制造企业也可能一步跃升到最高层级。依据以往经验，因为两种要素同步提升会对资源产生一定程度的争夺，而双低要素结构下的企业资源与能力通常均欠佳，因此这种情况较为少见，但仍不排除企业通过并购或战略联盟等方式恰巧获得了组织协同能力与服务资源整合能力的同步提升机会，从而直接进入最高层次的链网重构型升级轨道中。

（2）第二阶升级层次对应一低一高的要素结构类型，因此包含两种升级路径，分别是核心点位跨越型升级和价值环节延伸型 GVC 升级。由前文可知，高服务资源整合能力—低企业组织协同能力下，企业将采取核心点位跨越式升级路径。在这一路径升级过程中，随着服务资源围绕企业核心点位不断发生整合，企业丰富了其知识储备并形成了更高级的技术能力，它们将共同指导装备制造企业的生产制造，企业核心技术得到不断积累，企业从事的各价值环节也因高级服务资源与知识的持续流入与整合产生更多的交互与反应，企业原本处于低位的组织协同能力逐渐提高。因此企业通过"服务资源整合能力"这一优势要素使劣势要素"组织协同能力"的要素水平在升级过程中得到了改善，伴随着升级的实现，企业跃升入下一层升级路径，即链网重构型 GVC 升级路径。

（3）同理，当初始路径状态为价值环节延伸型路径时，企业借助组织协同能力优势，使部门、环节、工序间的企业活动不断发生交互、联动，最大限度地提高了各隔绝组织内的关键要素水平，企业专业化能力也在这一过程中逐步获得提升，掌握专业化技术能力的装备制造企业在 GVC 上也更具话语权，服务资源整合能力要素水平提升。由此，企业利用"组织协同能力"这一优势要素使劣势要素"服务资源整合能力"的要素水平得到了改善，企业跃升入第三层次的链网重构型 GVC 升级路径。

（4）当路径对应双高型的要素结构时，装备制造企业形成的 GVC 升级能力与成果，来源于组织协同能力与服务资源整合能力要素的共同作用，此时企业升级路径处于最高层次，同时此条路径包含并超越所有低层级路径的升级效果。装备制造企业 GVC 升级路径间的演进关系框架如图 2-4 所示。

环境条件约束要素作为第三种影响升级的关键要素，虽不作为基础路径划分的依据，但仍对企业升级行为产生影响。其影响方式主要有两种。第一种是导致第二层次中同等级的两条路径的相互切换，当出现这一情形时，往往是环境对企业形成某种能力产生了极为重大的影响，例如阻碍了企业形成组织协同能力和服务资源整合能力，或者形成的两种能力缺少可以具体应用的情景。但基于服务化的企业升级本身就是以市场需求为应用场景的，因此此种情形并不容易发生。第二种是环境条件约束要素作为次级影响要素影响着四条基础路径的进一步划分。这一情形较符合现实情况，因为企业的 GVC 升级探讨的是企业如何依靠自主性突破严峻与复杂的外部环境的问题，因此环境条件约束不应该作为基础路径的划分依据，而是路径进一步划分时需要考虑的条件。

2.6　本章小结

本章对基于服务化的装备制造企业 GVC 的升级机理进行了系统设计。通过基础概念界定以及分析服务化与装备制造企业 GVC 升级的关系，对基于服务化的装备制造企业 GVC 升级的内涵进行了界定。构建了基于服务化的装备制造企业 GVC 升级演化过程模型。运用扎根理论得到了服务化战略下影响装备制造企业 GVC 升级的关键影响因素。在此基础上，依据"要素结构—企业 GVC 升级阶段—企业升级路径"这一逻辑框架设计了基于服务化的装备制造企业 GVC 升级路径框架，并基于这一框架对路径的体系构建和路径间的关系进行了分析。本章系统地回答了"基于服务化的装备制造企业 GVC 升级为什么可以实现"这一问题。之后的章节将继续探讨在不同的路径下，基于服务化的装备制造企业 GVC 升级怎样实现这一问题。

第3章　基于服务化的装备制造企业价值点拓展型 GVC 升级路径

当装备制造企业要素结构属于低服务资源整合能力和低组织协同能力形态时，企业处于 GVC 升级初级阶段，装备制造企业需要采取价值点拓展式 GVC 升级路径。本章从路径内涵、构建思路、构建内容、路径运行等方面对此路径进行具体分析与设计。

3.1　价值点拓展型 GVC 升级路径的内涵与构建思路

本书依据前文的要素结构对价值点拓展型 GVC 升级路径的内涵进行界定，并分析路径特征，在内涵与特征基础上，设计路径的构建思路。

3.1.1　价值点拓展型 GVC 升级路径的内涵

根据前文差异化要素结构下企业的 GVC 升级特点可知，当装备制造企业要素呈现低服务资源整合能力和低组织协同能力结构时，较弱的服务资源整合能力使企业难以将外部环境中的知识、资源、能力与自身资源能力基于某一关键战略环节进行直接捆绑，因此难以实现服务化深度。同时，较低的企业组织协同能力又意味着企业难以进行 GVC 上的网络融合，因此难以形成服务化的广度。较少资源与较低能力的企业被锁定于低端市场，此时，企业适合基于低端的细分市场定位，通过服务附加的方式逐渐发展企业新的价值增值点。在装备制造企业的客户群体集中，事先签单使客户决策变得十分重要，企业的可信度与客户之间的关系成为企业发展的关键。因此，企业与客户和相关生产性服务部门的有效互动是双低要素结构的装备制造企业通过价值点拓展实现 GVC 升级的关键。其中，客户与企业的合作与协同是定位细分市场的核心内容，客企的交互程度决定了市场机会挖掘的准确性与深度。跨产业间企业的互动程度决定了细分市场进攻主流市场的主要方式与途径。因此，价值点拓展式 GVC 升级路径是装备制造企业以收集、挖掘、理解、客户已表达或潜在将形成的需求信息与意愿为基础，联合生产性服务部门，集中企业内、外部一切可利用的能力与资源，基于低端的细分市场定位，形成离散的价值增值点，并不断推进价值点整合、渗透与再培育，从而侵蚀主流市场实现企业 GVC 进一步嵌入的过程。

3.1.2 价值点拓展型 GVC 升级路径的特征

本书从客户响应的路径初始特征、围绕产品的服务附加过程与终端引领的 GVC 嵌入方式三个方面分析了价值点拓展型 GVC 升级路径的特征。

1. 客户响应特征显著

服务资源整合能力弱使企业难以通过有效的内、外部环境的资源编排实现企业某一关键战略环节的根本性突破，低的企业组织协同能力又使企业难以通过组织间联动实现能力的融合。较少资源与较低能力的企业此时需要找准细分市场中客户的痛点，并在自己能力范围内针对用户需求逐渐实现基于产品的服务扩展与延伸，此阶段，企业依托的仍是低端的生产制造环节，产品的附加服务、配套服务是企业重要的价值拓展渠道，同时也是企业提高资源能力与组织能力的关键突破点。因为需要从需求端寻找有限资源与能力下企业可利用的价值增值机会，企业搜集、理解、引导客户需求，并增加其在 GVC 链上终端环节的介入力度，通过增加在品牌端的管理与营销，更多地介入产品的延伸服务，同时也带给了客户全新的营销体验。因此衍生配套的服务最终能否产生价值，或者能够产生多少价值取决于企业对客户需求的解读程度，客企交互成为企业理解和整合客户需求的初始点，交互协同的最终结果决定了企业在 GVC 上升级的方向。同时，双低要素结构下的装备制造企业往往属于传统型装备制造企业，其融合的服务资源也往往较为传统，附加服务产生的价值增值与其他路径相比也是最小的，这也使企业需要从市场需求出发，将价值增值点的位置定义为"基于用户偏好的一种选择"，此阶段的企业往往具有非连续的价值点增值特征。

2. 价值共创的升级过程

双低要素结构下，企业价值依托的仍是传统的生产制造环节，同时较易与之融合的也多为传统的服务资源，因此价值拓展的渠道较为单一，多是以产品的附加服务作为主要升级手段。这也意味着，此渠道下的升级过程，需要首先考虑为细分市场用户提供低价、便捷、差异化的产品，待进入并占领细分低端市场后，再逐渐通过影响终端市场偏好与意愿构建上游"营销区段"。因此，此阶段的升级多以服务配套或附加的方式拓展为主，并逐渐外延至其他价值环节，直到动摇 GVC 旧有竞争规则的过程。在这一过程中，企业需要按照客户需求进行产品的设计、研发、组合、维护与回收，以积累市场势力。有了价值提供方—客户的参与，后续价值环节的服务化扩展也变成为了"有源之水"与"有本之木"，实现了以上游撬动下游的企业 GVC 升级。因此，价值点拓展路径下，装备制造企业的升级方式主要是围绕产品进行的服务拓展。

3. 价值点拓展下的 GVC 嵌入

遵从此路径升级的装备制造业的价值来源逐渐由中游向上游位移。首先，在产品—服务一体化下，企业的投入产出关系发生变化，企业的价值增值也更多源于差异化的产品提供，此时联合使用生产与服务要素将降低成本，提升效率。其次，依据用户偏好的价值增值点定位，使企业得以通过低价与便捷的产品与服务进入细分低端市场，并依靠构建的市场势力向上游"品牌与营销"区段升级，逐步形成对价值链其他环节的辐射，由此修改了行业原有的 GVC 竞争规则，颠覆了主流企业的竞争优势。因此，以终端带动价值链条始端与中端，使企业下游的设计，中端的制造、生产有据可依。企业通过服务拓展优化，逐渐改进与终端匹配性差的环节与流程，选择性地弥补企业与其他 GVC 企业资源与能力的差距，这也使得企业与上游区段企业的差距逐渐缩短，获得 GVC 升级机会。

3.1.3　价值点拓展型 GVC 升级路径的构建思路

基于上述分析，处于较低层次的装备制造企业可以基于低端的细分市场定位，以产品增值拓展为主要升级方式，以终端带动下游设计以及中端生产制造为关键升级途径，完成企业的 GVC 升级。本书依据升级路径的内涵与特征，形成了价值点拓展型 GVC 升级路径构建思路（见图 3 - 1）。

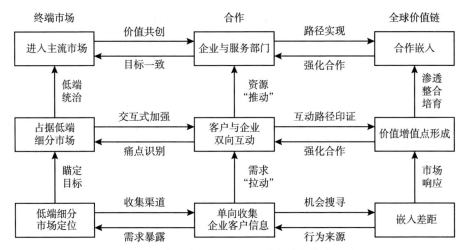

图 3－1　价值点拓展型 GVC 升级路径构建思路

（1）装备制造企业因嵌入差距难以获得全球范围内的价值资源是企业寻找 GVC 嵌入办法的主要行为来源，而基于客户需求的目标定位为企业提供了可行的机会。由于低端细分市场的需求更多集中在便宜、便捷的产品—服务性能上，因此是企业有针对性地收集客户信息的主要渠道，当细分市场搜寻完毕，对企业有价值的需求信息也得以显现。

（2）在市场锚定与需求拉动的情况下，企业与客户展开互动，这一过程使企业精准把握了细分市场的客户痛点，并实现了细分市场占位。因此，客企交互获得了持续增强的原动力。在价值增值实现过程中，企业的价值增值点位置也得到印证，逐渐产生的价值增值同时又反向强化了客企交互，使协同程度进一步增强，此时装备制造企业在 GVC 上的价值增值点被进一步确认并完成细化。

（3）客企交互结果成为装备制造企业的特殊资源与能力，并使企业与服务部门的协同、交互成为可能。企业与服务部门基于市场需求的目标一致性，完成了价值点的渗透、整合与培育，使得两业内企业在若干价值增值点处合作嵌入 GVC。GVC 的进一步嵌入拓宽了合作企业的市场范围、丰富了进一步合作可利用的全球资源，由此，合作得以强化，通过价值点拓展嵌入的升级路径得以实现。反过来，被持续强化的两业交互在实现低端细分市场占领的情况下，通过价值共创也逐渐获得侵蚀主流市场的能力。

3.2　价值点拓展型 GVC 升级路径构建

根据上文对价值点拓展式升级路径的内涵界定与特征分析，以及以此得到的路径构建思路可知，能力与资源均不占优势的装备制造企业需要借势客户的价值创造能力，定位于某个低端细分市场，通过挖掘客户需求信息进行全面、精准的细分市场分析。捕捉客户偏好和需求动向的深度与及时性决定了装备制造企业与客户互动的结果。基于客户需求建立的终端市场优势有利于企业的价值增值点拓展，伴随需求的持续整合，产品—服务流程逐渐成熟，并不断延展，最终连点成线。其次，企业需要基于客户需求信息与生产性服务业展开有效合作，在进入低端细分市场初期，两业内企业合作有利于降低成本以满足价格敏感客户的需求。在低端市场布局中期，生产性服务作用于企业产品，助力企业产品持续改造甚至更新，产品的多样化能够进一步引致市场份额扩张。低端细分市场掌控末期，两业内企业的价值共创行为与低端市场的良性传播将吸引并侵蚀主流市场，最终形成增值点稳定拓展的企业 GVC 升级路径。因此，本书从客企交互下的服务需求分析、两业融合下的服务需求整合以及基于终端市场的 GVC 拓展三方面构建装备制造企业价值点拓展型 GVC 升级路径。

3.2.1　客企交互下的服务需求分析

本书需求分析是对客户的需求，并非对企业的要求，而是基于服务化的客企互动行为。当企业要素处于双低的组合结构时，客户与企业间的互动成为企业突破低端锁定现状的关键，客户掌握的信息，客户认知的转变都是企业可利用的实时更新发展的重要资源，这种资源可辐射、渗透到产品的各个生产流程与环节，以至整个产品的生命周期。服务化是需求分析的重要过程，这一过程主要经历两个阶段：（1）企业需要在客户间不断地展开沟通并搭建交互的桥梁与渠道，以获取并挖掘更准确、完整、及时的客户需求；（2）通过这些渠道获得的需求信息需要进行消冗与聚类，以保证其可作为资源与企业产品生产服务相连接。

1. 客户的需求获取与挖掘

对要素结构最低层次的装备制造企业而言，能力的构建需要是允许从零开始的。需求是一种源于市场的价值，需求资源的挖掘与获取某种程度上决定了其在后续能够建立何种程度的企业自身竞争优势，当客户需求成为企业的资源时，他的准确性、完整性、及时性就变得十分重要，有效且适当的需求挖掘与获取方法、广泛的需求采集范围、深度的协同共创，不仅使企业可以获得客户已存在的需求信息，还可挖掘到潜在的未被发掘的客户诉求。因此需求挖掘与获取应该是在客企间建立的双向关系，包括服务信息的交互、关系的维护、服务任务的确立等。本书从信息导向互动、关系导向互动、任务导向互动三个层次构建客户需求的挖掘与获取方式。

（1）基于信息导向的需求挖掘与获取。基于信息导向需求挖掘与获取的关键是获得用户未被满足的需求信息。企业需致力于得到客户需求的显性与隐性信息，尤其是隐性信息，因为不易挖掘与传播，所以其所涵盖的知识与资源更易为企业赢得竞争优势。基于大数据环境与信息技术的发展，使不易在企业与客户间流动的隐性信息分享成为可能。当企业建立起与客户互动的渠道与平台时，细分市场的解释、竞争对手的优劣势分析、产品及服务使用体验等差异化信息均被收集。企业可将客户提供的信息进行处理与提纯，并与自身知识、能力相结合，不断修正、锤炼自身优势。在信息的交互中，企业应同时提供给客户自身的价值理念、产品完整的生产体系及能够给予的配套服务，使客户在充分理解企业已有资源与专业知识的背景下，提供更聚焦也更准确的需求信息。因此，基于信息导向的需求挖掘与获取，是企业与客户信息的双向交流过程，这一过程提供给用户更多的表达需求的机会，双方的信息在这一过程中得到汇聚与整合，有利于企业聚焦产品与服务在客户端的价值体现，极大程度地降低了企业生产与服务的不确定性。

（2）基于关系导向的需求挖掘与获取。基于关系导向的需求挖掘与获取将在信息导向的基础上更进一步影响客企的资源交互。关系通过信任的搭建引导了双方交换信息的频率与质量，因此关系决定了信息交互的动态性是影响客企协同共创价值的关键，是提高原有认知、激发新知识、产生新价值的重要因素。先进的生产性服务业使客企关系的维护更加高效，促进了企业与客户间的信息交换与沟通，双角色共同参与特征更加明显。附加服务的提供是关系沟通隐形的手，用户独特性的需求得到满足将有利于客企的情感联系，有利于服务过程建立起的双向反馈，还有利于帮助用户了解其需求的发展方向，提高用户认知。例如企业拥有的核心能力与资源如何帮助用户更好地发现其可能出现的需求。因此，在基于关系导向用户需求的挖掘与获取过程中，企业积极、主动地传递给客户自身的能力与价值，不仅增加了用户忠诚度，还引导了新的客户认知，提前锁定了企业的未来市场。

（3）基于任务导向的需求挖掘与获取。基于任务导向的需求挖掘与获取是用户需求作为价值创造要素中的最高形态。在此状态下，客企间的信息、价值、服务可以有意识地流动并被企业随时提取。这一层次是建立在以上两个层次之上的，因为有了前期对客户需求信息的积累，企业明确了细分市场。建立的稳定的交互关系也使企业可以最大化地完成信息的挖掘。任务导向可使企业已掌握的重要资源与信息完成整合并在产品与服务上表达出来，而场景的提供是整合的前提。因此，接下来，需要企业结合高端生产服务业提供一个使所有信息与关系可以有意识流动起来的场景。而具有高级服务资源要素的生产性服务部门与双低要素结构的装备制造企业展开合作的前提是，装备制造企业已形成了可行化与可视化的产品开发创意。客企交互使装备制造企业对服务目标与对象的把控更加准确，也使两业内企业间合作的不确定性得到了极大程度的降低。因此，此阶段企业推动用户的特征再度明显，并实现了客企间的"推拉"平衡。用户依据企业任务提供自己的知识甚至创意，能为细分市场客户提供价值的产品—服务细分功能被填补。此时，基于任务导向的需求挖掘与获取使客企信息完成了全面且有意识的编排，产品—服务一体化得到实现。

基于以上分析，得到了客企交互下的需求来源层次（如图 3 - 2 所示）。第一层次下，企业基于客户需求信息定位细分目标市场。第二层次下，随着客企关系的稳定、深入发展，企业获得用户反馈，并通过及时的客户响应提供多样化的产品—服务包，此时非连续的价值增值点形成。第三层次下，随着客企关系的逐渐深入，企业与客户以任务导向发起用户需求整合，企业在这一阶段也积累了更多来自客户的价值资源与信息，并与生产性服务部门展开合作，形成产品—服务流程。

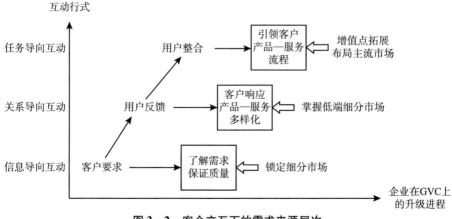

图 3 - 2　客企交互下的需求来源层次

2. 用户服务需求的聚类

经过前文的分析可知，当差异化、动态化、模糊化的客户需求信息作为企业的知识或者资源来源时，虽然需求端蕴含了大量知识与信息，但很难被企业解读，这也导致客户需求非结构化特征显著。巨量的客户需求信息真正应用到产品或一服务具体环节及功能中的信息片段是有限的，如何对碎片化的大量需求信息进行解读和聚类决定了需求信息被利用的效率、效果。因此在对产品的需求进行有目的的整合前，需要对前文提到的获取与挖掘到的客户需求信息进行消冗处理。消冗处理后，客户需求种类得到聚焦，相关性分析还将通过聚类使企业生产一服务任务得到精简。需求消冗是依据需求信息相关性的强弱判断的，将相关性强的需求任务进行空间拉近，同时尝试合并、转换或者拆分约减，以得到消冗后的需求任务集，即覆盖完整产品功能设计与实现全部任务场景的客户需求集。涉及的相关性分析主要包含服务的目标、服务的主体、服务的过程和服务的内容等。通过同类别客户信息的相关关系分析来完成消冗，并主要遵循以下两点原则：一是在处理彼此包含的需求关系时，若一类需求完全可以覆盖另一类需求，在企业能力可以实现两种需求满足时，考虑删除第二类需求，但当一类复杂需求难以实现时，可考虑率先实现子需求；二是若存在均能满足客户的若干子需求时，如果满足程度没有差别，企业资源受限，则选择企业最容易实现的子需求。在消冗完成后，服务需求可以依照产品的功能进行初步的聚类与映射，即将保留的客户需求信息与知识凝练进产品的子功能区。因此，企业需要基于产品功能设计出产品一服务与客户信息的接口。企业依据数据挖掘的技术以及方法，可以实现对巨量需求信息的知识发现，知识与信息的提取等处理技术的方法与应用目前已十分广泛，成果也较为丰硕。

3.2.2　两业融合下的服务需求整合

企业需要借助客企间"推拉"结合的互动方式，基于企业产品一服务功能，完成基于产品的需求整合，从而使客户需求与企业价值实现匹配与互补。因此经过处理的客户需求需要进行有效整合，以完成服务要素的渗透与再培育，同时析出价值增值点。本书从按提供整合、按组合整合、按设计整合和按研发整合四方面对两业融合下的服务需求整合进行分析。

1. 按提供整合

适用于企业依据客户的需求信息可直接提供已有服务与产品的情况。此模式下，客户的需求多为企业本就可以满足但鉴于客企交流欠缺始终未被满足的那一部分。此时，企业需要向用户提供其能力范围内的一切可达到的产品功能与服务，用户可在企业提供的服务平台中自行挑选并调用匹配的产品与服务，例如产品选型配置服务，产品配送、验收、安装、调试及试运行服务。除此之外，与产品运行相关的产品升级、维护、检修也是企业提高产品使用效率，降低平均成本的重要环节，相关活动主要包括产品软件升级、硬件拆卸、故障诊断和预警以及备件供应。金融服务、物流服务需求等也在按提供整合的范围内。这一系列辅助服务均可提高企业产品—服务提供的效率与可行性。

2. 按组合整合

按组合进行的客户需求整合是企业根据已有的服务与产品环节进行装配组合，以达到满足客户需求的供应方式。此方式与提供整合方式的主要区别在于其完成组合的动态特征。客户的需求可能涉及产品—服务环节与流程内部更专业的匹配与互动，因此需要企业依据客户的订单要求，即时进行原料和配件的采购与组合、零件的加工与外协、不同流程中零部件的装配，以及依据订单进行价值环节的集成等。

3. 按设计整合

按设计整合的需求任务响应，需要企业分析难以按照直接提供或者有效组合实现的需求，根据已有的资源和服务重新设计所需服务方式与构型，完成相关资源的重新配置、整合与封装，例如产品—服务一体化的需求、基于整体解决方案的需求、产品更新改造、分拆与报废需求等。因此，依据设计进行的需求整合响应将满足客户对产品—服务一体化的需求，增强产品的定制化特征。

4. 按研发整合

按研发整合的客户需求意味着客户需求依靠企业现有的资源和服务能力无法得到有效响应。这往往是由于企业未曾引进某种工艺，或缺少某些产品与服务的设备等导致的。此种情形下，企业可以利用众包模式竞标特殊需求服务的研发项目，为服务创新引入新的外部资源和服务。在此整合模式下，企业需要通过产品回收服务、产品或核心部件再循环服务等环节的研发行为实现客户需求。因此，按研发整合的客户需求响应可节约企业成本，同时提高用户效用。

3.2.3　终端市场下的拓展式 GVC 升级

依据用户偏好的价值增值点定位，企业得以通过低价、便捷的产品—服务进入细分低端市场，并依靠构建市场势力，装备制造业的价值来源逐渐由中游向上游位移，也由此修改了行业原有的 GVC 竞争规则，颠覆了主流企业的竞争优势。企业通过服务拓展优化，逐渐改进与终端匹配性差的环节与流程，选择性地弥补企业与其他 GVC 企业资源与能力的差距，这也使得企业与上游区段企业的差距逐渐缩短。价值增值点拓展型升级路径下，装备制造企业通过价值增值点拓展以及基于产品—服务流程的主流终端市场渗透获得了 GVC 的嵌入机会并获得了竞争优势。

1. 价值增值点拓展下的 GVC 竞争优势建立

装备制造企业因生产职能特征，更易衍生出与生产制造高度相关且具备高技术特征的附加服务，从而吸纳或者取代部分服务企业。因此在企业与客户交互下，装备制造企业为满足客户的需求，尤其是服务需求，大量开发并引进服务业务，并按客户要求改进产品以及提供客户需要的产品附加服务。服务业务延展不仅满足了客户需求，同时生产制造与附加服务环节在这一过程中也得到不断的细化并产生了新服务项目，例如维修、配送、品牌营销等价值增值点得到拓展，企业对细分终端市场的满足，给予特定市场客户的全新体验感将助力装备制造企业以某一细分市场优势渗透入主流市场，实现在 GVC 上的嵌入。

2. 基于产品—服务流程的主流终端市场渗透

企业奠定的细分市场基础，伴随客企交互进一步明确市场定位，并完成对已获得宏量需求信息的整合，这也助力企业形成产品—服务整体解决方案设计，并以装备制造企业获得整体解决方案为前提，与服务提供方展开合作。合作过程中产生的互利互惠、成本节约、流程改进又将为装备制造企业创造基于服务集成的价值增加。双低要素结构下的装备制造企业为了弥补资源匮乏和专业能力劣势，同时有目的地开发与吸收服务资源，依靠低端细分市场客户需求明晰市场定位，并结合结构化的需求整合，使终端附加服务向流程服务渗透。为使企业摆脱仅在运营层面的服务附加，装备制造企业在需求整合基础上，理解与客户有关的服务设计诉求，以此开发和部署具备独特流程的服务能力，并构建企业产品—服务流程一体化体系。在这一体系下的客户整体需求的满足遵循客企"推拉"方式，企业在 GVC 中的位置逐渐从中游向客户端上游移动。随着企业在 GVC 上游介入力度的不断加大，企业捕获新知识、发现技术差距的能力增强，在不断匹配、组合产品—服务资源过程中，积累生产与服务方面的经验与知识，并基于需求整合结果进行再度整合。企业价值增值点间的空缺逐渐被填补，直至能够为细分市场的特定客户提供产品—服务整体解决方案。在这一过程中，衍生新服务也得到培育、探索和开发，这都更好地增强了客户的满意度，从而形成领先于竞争对手的服务能力，最终实现终端市场的扩散与渗透。

3.3 价值点拓展型 GVC 升级路径运行

根据价值增值点拓展型升级路径构建可知，能力与资源均不占优势的装备制造企业，一方面，需要借势客户的价值创造能力定位打通低端细分市场；另一方面，还需要基于客户需求与生产性服务业展开有效合作，占领低端市场并渗透主流市场。企业与客户两主体交互的程度决定了企业对客户偏好和需求动向捕捉的深度与广度，而交互程度取决于两主体关系的稳定性。因此，本书从路径运行稳定性分析、客企与两业内企业演化博弈模型构建两方面对价值点拓展型 GVC 升级路径运行进行系统性设计，并依据模型结果得到相应运行实施对策。

3.3.1 运行的稳定性分析

当影响装备制造企业 GVC 升级的要素结构处于双低位时，企业难以借助服务资源整合与组织协同管理实现 GVC 升级。为了避免双低型要素结构下的装备制造企业因为能力资源欠佳，盲目开发与吸收服务资源，以产品为中心的装备制造企业更加需要有效收集和理解与客户有关的服务设计诉求，因此企业首先需要与客户建立合作关系。这一阶段中，客户与企业的关系不只是产品和服务间的交换，还是贯穿完整产品和产品生命周期的协同主体间不断重复的交互关系。企业对客户信息可挖掘的程度、获取信息的质量与信息异质性程度，均取决于客企间的协同程度。客企协同顺畅，企业才能实现细分市场占位，并与生产服务型企业展开合作，完成服务功能的开发。除此之外，当企业的终端服务向流程服务渗透时，稳定的客企交互关系不仅可以用于发现价值增值机会，还可以用于开发和部署具备独特流程的服务能力，使企业进一步摆脱仅在运营层面的服务附加。基于以上的协作关系基础，装备制造企业以客户的差异化需求为基础契约条件，进一步与生产制造商展开协作。两业间企业的协同关系决定了装备制造企业设计产品时可利用的资源库质量，同时也推动了企业生成不同类型和程度的服务化能力。

价值点拓展型 GVC 升级路径是装备制造企业分别与客户、生产性服务企业建立长期稳定协作关系的过程（见图 3-3）。演化理论认为，能力的构建可以是从零开始的，这符合双低型要素结构企业的初始特征。企业行为理论认为，当决策环境较复杂或风险性较高时，个体客户或者个体企业均倾向于参照相近群体的做法，群体作为重要的信息传播网络可以减少升级结果的不确定性。同时，客户群体与个体企业的协同度以及装备制造企业与生产性服务企业的协同度，某种程度上会受到个体心理与个体间关系的影响。因此，以装备制造企业为主体的两方面协同均需要经历反复的博弈过程，这一过程还将涉及收益、风险等诸多因素的权衡问题。需要进一步说明的是，客企协作行为决策结果还会受到客户理性程度的影响，而装备制造企业与生产性服务企业间的合作则更多受到合作意愿差异的影响。演化博弈模型下，主体间协同关系稳定性的关键影响因素也将是价值增值点拓展型升级路径的关键影响因素，关注这类因素最终将推进企业 GVC 的升级路径进程。

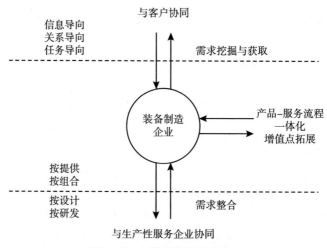

图 3-3　主体间的稳定性关系

综合以上分析，依据升级路径运行的动态演化博弈特征，本书基于演化博弈理论与方法对装备制造企业价值点拓展型 GVC 升级路径的实施过程进行了探究，通过建立价值点拓展延伸路径下的装备制造企业两阶段协作关系的演化博弈模型，揭示了装备制造企业实施 GVC 升级的关键影响因素。本书在研究客企协作时，为试图减弱市场噪声和环境动荡对有限理性的行为个体构成的影响，将客户对合作前景的预期加入模型中，构建了基于前景理论的客企协同演化博弈模型，试图以此来增强主体间协作的动机。在研究装备制造企业与服务部门的协同演化时，本书则考虑了非对称合作意愿对演化的影响，构建了装备制造企业与服务企业间的非对称性演化博弈模型。

3.3.2 运行的实证研究

根据升级路径运行过程分析可知，装备制造企业与协同方的协作过程除了与协作的收益、利润分配、成本、参与方意愿等因素密切相关外，在与客户的协作过程中还会受到客户对协同前景认识的影响，在与生产性服务企业合作过程中受到非对称的合作意愿的影响。这些与协同关系稳定性相关的关键影响因素也将构成价值增值点拓展型升级路径的关键影响因素，关注这类因素将有助于推进装备制造企业 GVC 升级的进程。

1. 两阶段模型基本假设

本书提出以下研究假设，作为构建装备制造企业与客户协同演化博弈模型和装备制造企业与生产性服务企业协同演化博弈模型的基本前提。

假设 3 - 1a：装备制造企业与客户的反复博弈过程由于更易受到客户个体有限理性的影响，因此以价值函数作为不确定情境下双方策略选择的基本依据，并考虑参照基准和决策权重的共同作用。

假设 3 - 1b：在两业内企业协同创新的过程中，由于双低要素结构下的装备制造企业对合作更为依赖，因此收益与成本的分配往往具有不对称性，均会受到服务水平依赖程度的影响，而现代服务企业的成本受对方资源与能力的影响相对较小，收益仅受一般合作成本的影响。

假设 3 - 2：由前文可知，服务化是装备制造企业价值创造的重要来源，因此有理由假设装备制造企业服务化后的收益大于服务化前的收益，两阶段系统经过动态演化达到最终的理想状态分别是（开展，支付）和（参与，参与）。

假设 3 - 3a：在客企协同过程中，采取服务化策略的收益将受到竞合关系的影响，即除了一般收益外，其总体收益还将受到竞争对手的成本、对手协作客户的成本、未采取服务化策略下客户额外要求的服务成本等方面的影响与调整。

假设 3 - 3b：在两业内企业协同过程中，首先，协同创新的收益受到装备制造企业的能力与资源水平、生产性服务企业知识溢出量的共同作用。其次，两业内企业合作强调知识的转移，知识转移的过程是知识溢出加知识吸收的总和，带来的收益也取决于知识溢出量和企业的能力与资源的共同作用。最后，开展协同创新策略所产生的成本在两企业间分配时往往具有不对称性。由于在装备制造企业与生产性服务企业协同创新的过程中，装备制造企业对合作更为依赖，即更需要服务企业，尤其是现代服务企业提供高级服务要素。所以，在协同策略下，装备制造企业除会产生基础成本外，还会因对服务水平的依赖而产生额外的成本。

2. 两阶段收益模型与演化稳定分析

第一阶段中，装备制造企业选择合作、不合作的概率分别为 x 和 1 - x，客户选择支付、不支付的概率分别为 y 和 1 - y，基于假设装备制造企业与客户的博弈收益感知矩阵如表 3 - 1 所示。在表 3 - 1 的矩阵中，V_1、V_2、V_3、V_4 为博弈双方的感知效用。若选择单方面合作，未能持续的合作关系会带来一定的资源外溢。当企业单方采取策略时，装备制造企业付出了额外的开销 C_G。反之，客户付出了额外成本 C_S。

表 3 - 1　　　　　　　装备制造企业与客户的博弈收益感知矩阵

企业	客户	
	支付 y	不支付 1 - y
开展 x	V_1，V_2	$V_3 - C_G$，V_4
不开展 1 - x	V_3，$V_4 - C_S$	V_3，V_4

$$V_i = \sum_i \pi(P_i) \cdot v(\Delta Z_i) \qquad (3-1)$$

前景理论下，收益变化代替预期收益成为策略选择的基本依据，以 ΔZ 表示服务化后各方在收益上的变化值，则可由式（3 - 2）表示，其中 Z_i 表示采取服务化策略后的期望收益，Z_{RP} 表示为参照点：

$$\Delta Z = Z_i - Z_{RP} \qquad (3-2)$$

其中，价值函数 $V(\Delta Z_i)$ 如式（3-3）所示，$\gamma(0 > \gamma < 1)$ 为感知敏感程度系数，$\lambda(\lambda \geqslant 1)$ 为损失规避：

$$v(\Delta Z_i) = \begin{cases} \Delta Z_i^{\gamma} & 0 < \gamma < 1, \text{ 若 } \Delta z_i \geqslant 0 \\ -\lambda(-\Delta Z_i)^{\gamma} & \lambda > 1, 0 < \gamma < 1, \text{ 若 } \Delta z_i < 0 \end{cases} \quad (3-3)$$

决策权重模型的表达如式（3-4）所示，$\eta(0 > \eta < 1)$ 与 $\chi(0 > \chi < 1)$ 分别表示风险收益与损失的态度系数。η 与 χ 越小，意味着主观概率相较于客观概率越扭曲：

$$\pi(P_i) = \begin{cases} \dfrac{P_i^{\eta}}{\left[P_i^{\eta} + (1 - P_i)^{\eta} \right]^{\frac{1}{\eta}}} & \eta > 0, \text{ 若 } \Delta z \geqslant 0 \\ \dfrac{P^{\chi}}{\left[P_i^{\chi} + (1 - P_i)^{\chi} \right]^{\frac{1}{\chi}}} & \chi > 0, \text{ 若 } \Delta z < 0 \end{cases} \quad (3-4)$$

策略采用下，收益源自两部分：第一种是直接收益，即服务化后的直接收入（u_{co}）与服务化成本（D_{CO}）的差值；第二种是间接收益，其受到竞争对手成本（D_M）和对手方协作方的成本（D_C）的正向影响。客户对服务水平的需求决定了博弈双方的合作意愿，是装备制造企业联合客户进行服务化的前提。$\alpha(0 \leqslant \alpha \leqslant 1)$ 为客户对装备制造企业提供服务化水平的需求程度；$\beta(0 \leqslant \beta \leqslant 1)$ 为投入服务要素的异质性程度；$\mu(0 < \mu < 1)$ 为装备制造企业资源汲取能力系数。由此得到企业和客户在采纳服务化策略下的总收益函数，如式（3-5）所示：

$$U_{CO} = U_1 + U_2 = (k_M + k_C) U_{CO} = u_{CO} - D_{CO} + \alpha\beta D_C + \beta(1 + \mu) D_M \quad (3-5)$$

不采纳策略时，总收益同理，除一般收益（$u_M - D_M$）以外，还将受到产品需求方额外寻求服务的成本 D_C 的负向影响和竞争对手方成本 D_{CO} 的正向影响。收益函数公式如式（3-6）和式（3-7）所示：

$$U_3 = u_M - D_M - \alpha D_C + \beta(1 + \mu) D_{CO} \quad (3-6)$$

$$U_4 = u_C - D_C \quad (3-7)$$

第二阶段中，装备制造企业选择合作、不合作的概率分别为 x 和 1-x，生产性服务企业选择参与、不参与的概率分别为 y 和 1-y。基于假设装备制造企业与服务业的博弈收益感知矩阵如表 3-2 所示，π_i 代表不同策略下的直接收益，其中协同创新的总效用，除了包括协同直接收益 π_3 外，协同创新导致的产品价格、效用与成本的全面差异还与服务的需求水平 S 和协同创新过程中服务衍生的效应系数 ω 有关。服务衍生效应系数和服务需求水平的修正表示为 $\pi_3(1 + \alpha S)$。其中收益分配比例分别为 h 和 1-h。成本方面，开展协同创新策略所产生的成本在两企业间分配时往往具有不对称性。由前文分析可知，装备制造企业更需要现代服务企业提供的高级服务要素，对合作更为依赖。因此，协同策略下装备制造企业除会产生基础成本 C_1 外，还会因对服务的依赖而增加 $1/2\omega S^2$ 的成本，其中 β 表示现代服务衍生的效应系数。装备制造企业单方参与协同时，服务企业会产生违约金损失 C。服务企业单方参与协同时，以 I 代表知识的转移量，以 μ 表示企业资源与能力系数，装备制造企业会得到高知识位势生产性服务企业的知识溢出收益 I×μ，同时还会产生违约金成本 C。

表 3 - 2   两业内企业的博弈收益感知矩阵

项目		生产性服务企业	
		参与 y	拒绝 1 - y
装备制造企业	参与 x	$\pi_3(1+\omega S)h - C_1 - \dfrac{1}{2}\omega S^2$, $\pi_3(1+\omega S)(1-h) - C_2$	$\pi_1 + C - C_1 - \dfrac{1}{2}\omega S^2$, $\pi_2 - C$
	拒绝 1 - x	$\pi_1 + I\mu - C$, $\pi_2 + C - C_2$	π_1, π_2

在表 3 - 2 中，装备制造企业选择参与、不参与策略时的收益 U_{11} 和 U_{12} 分别如式（3 - 8）和式（3 - 9）所示：

$$U_{11} = x[\pi_3(1+\omega S)(1-h) - C_2] + (1-x)(C - C_2 + \pi_2) \qquad (3-8)$$

$$U_{12} = x \cdot (\pi_2 - C) + (1-x)\pi_2 \qquad (3-9)$$

装备制造企业的平均期望收益 $U(-)_1$ 如式（3 - 10）所示：

$$\bar{U}_1 = y_1 U_{11} + (1-y_1)U_{12} = y[\pi_3(1+\omega S)(1-h)$$
$$- C - \pi_2 x + C + C_2] + (1-y)[-Cx + \pi_2] \qquad (3-10)$$

生产型服务企业选择"参与"策略的收益 U_{21} 和选择"拒绝"策略的收益 U_{22}，以及平均期望收益 $\bar{U}_2$ 分别如式（3 - 11）、式（3 - 12）和式（3 - 13）所示：

$$U_{21} = y \cdot [\pi_3(1+\omega S)(1-h) - C_1 - 1/2\omega S^2]x$$
$$+ (1-y)(C - C_1 + \pi_1) \qquad (3-11)$$

$$U_{22} = y(\pi_1 + I\mu - C) + (1-y)\pi_1 \qquad (3-12)$$

$$\bar{U}_2 = x \cdot U_{21} + (1-x)U_{22}$$
$$= x \cdot \{y \cdot [\pi_3(1+\omega S)h - C - \pi_1] + C - C_1$$
$$- 1/2\omega S^2 + \pi_1\} + (1-x)[(I\mu - C)y + \pi_1] \qquad (3-13)$$

基于表 3 - 1 的收益感知矩阵以及演化稳定分析，得到客企协同复制动态方程如式（3 - 14）和式（3 - 15）所示：

$$F_1(Y) = \frac{dy}{dt} = y(1-y)(U_{11} - U_{12})$$

$$= y(1-y)[(V_2 + C_C - V_4)x - C_C] \qquad (3-14)$$

$$G_1(X) = \frac{dx}{dt} = x(1-x)(U_{21} - U_{22})$$

$$= x(1-x)[(V_1 + C_M - V_3)y - C_M] \qquad (3-15)$$

令 $F_1(Y_1) = 0$，$G_1(Y_1) = 0$，可得系统存在（0，0）、（0，1）、（1，0）、（1，1）、（$C_C/(V_2 + C_C - V_4)$，$C_M/(V_1 + C_M - V_3)$）5 个均衡点。依据冯长利（2020）文章中演化博弈的方法，根据复制动态方程求得雅克比矩阵如式（3 - 16）所示，参照均衡点，当 DetJ > 0，TrJ < 0 时，该系统的状态为进化稳定状态，稳定性结果如表 3 - 3 所示。

表 3 - 3　　　　　　　　　　　客企演化博弈的稳定性结果

均衡点	DetJ	符号	TrJ	符号	局部稳定性
（0，0）	$C_C \times C_M$	+	$-C_C - C_M$	−	ESS
（1，0）	$(V_2 - V_4)C_M$	+	$(V_2 - V_4) + C_M$	+	不稳定
（0，1）	$(V_1 - V_3)C_M$	+	$(V_1 - V_3) + C_M$	+	不稳定
（1，1）	$(V_2 - V_4)(V_1 - V_3)$	+	$V_4 - V_2 + V_3 - V_1$	−	ESS

$$J = \begin{bmatrix} (1-2y)(XV_2 - C_C + xC_C - xV_4) & y(1-y)(V_2 + C_C - V_4) \\ x(1-x)(V_1 + C_M - V_3) & (1-2x)(yV_1 - C_M + yC_M - yV_3) \end{bmatrix}$$

$$(3-16)$$

矩阵的行列式与迹如式（3 - 17）和式（3 - 18）所示：

$$DetJ = dF/dy \cdot dG/dx - dG/dy \cdot dG/dx \qquad (3-17)$$

$$TrJ = dF/dy + dG/dx \qquad (3-18)$$

根据表 3 - 2 的两业内企业的博弈收益感知矩阵，得到复制动态方程如式（3 - 19）和式（3 - 20）所示：

$$F_2(y) = \frac{dy}{dt} = y(U_{11} - \overline{U_1}) = y(1-y)(U_{11} - U_{12})$$

$$= y(1-y)\{[\pi_3(1 + \omega S)(1-h) - \pi_2]x + C - C_2\} \qquad (3-19)$$

$$G_2(X) = \frac{dx}{dt} = x(U_{21} - \overline{U_2}) = x(1-x)(U_{21} - U_{22})$$

$$= x(1-x)[\pi_3(1+\omega S)h - I\mu - \pi_1]y + C - C_1 \qquad (3-20)$$

令 $F_2(Y_2)=0$，$G_2(X_2)=0$，可得 $(0,0)$、$(0,1)$、$(1,0)$、$(1,1)$、(x^*, y^*) 5 个局部均衡点。雅可比矩阵 J（1）如式（3-21）所示：

$$J = \begin{bmatrix} (1-2y)\{[\pi_3(1+\omega S)(1-h) \\ \quad -\pi_2]x + C - C_2\} & y(1-y)\pi_3(1+\omega S)(1-h) \\ x(1-x)[\pi_3(1+\omega S)h - I\mu] & (1-2x)[\pi_3(1+\omega S)h - I\mu - \pi_1]y \\ & \quad + C - C_1 - 1/2\omega S^2 \end{bmatrix}$$

$$(3-21)$$

根据局部稳定性策略判定方法，当 DetJ > 0，TrJ < 0 时，得到系统的进化稳定策略。据此，相关数据取值如表 3-4 所示。

表 3-4　　　　　　　　　　　局部稳定性分析

均衡点	dF/dY	dF/dX	dG/dY	dG/dX
$(0,0)$	$C - C_2$	0	0	$C - C_1 - 1/2\omega S^2$
$(1,0)$	$\pi_3[1+\omega S(1-h)] - C_2 - \pi_2 + C$	0	0	$C_1 - 1/2\omega S^2 - C$
$(0,1)$	$\pi_3(1+\omega S)h - C_1 - 1/2\omega S^2 - [(\pi_1 + I\mu) - C]$	0	0	$C_2 - C$
$(1,1)$	$\pi_3[1+\omega S(1-h)] - \pi_2 - C_2 + C$	0	0	$[\pi_3(1+\omega S)h - \pi_1 - C_1 - 1/2\omega S^2] + (C - I\mu)$

推论 1：当违约成本大于博弈双方协同创新成本，即 $C > C_1 + 1/2\beta S^2$，且 $C > C_2$ 时，此时系统的演化稳定点为 $(0,1)$ 和 $(1,0)$。此状态下，违约金可以弥补任何协同创新的成本，博弈双方一旦背叛协同策略，将产生极大的违约金。因此，无论对方是选择合作或者不合作，都会引起另一方的相反策略。

推论 2：当违约成本小于协同创新成本，即 $C < C_1 + 1/2\beta S^2$，且 $C < C_2$ 时，系统的演化稳定点是 $(0,0)$ 和 $(1,1)$，即在协同创新过程中，中断合作一方产生的违约金金额无法弥补另一方企业投入的协同创新成本。因此，博弈结果将向全部参与和全部拒绝演化。

推论 2 的情况通常更符合真实情况，其稳定性结果如表 3-5 所示。

表 3 - 5　　　　　　　　　两业内企业演化博弈的稳定性结果

均衡点	DetJ	TrJ	局部稳定性
(0, 0)	+	-	ESS
(1, 0)	+	+	不稳定
(0, 1)	+	+	不稳定
(1, 1)	+	-	ESS
(X^*, Y^*)	+	+	鞍点

从表 3 - 3 和表 3 - 5 可以得到 O(0, 0) 和 C(1, 1) 两个稳定状态, A(0, 1) 和 B(1, 0) 是不稳定点, 其与鞍点 D(x*, y*) 所围成的区域将成为两种稳态的临界线 (如图 3 - 4 所示)。S_{ACBD} 所围成的图形面积越大, 结果向协同创新结果演化的概率就越大。

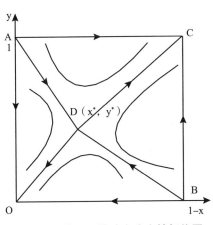

图 3 - 4　协同系统动态稳定性相位图

3.3.3　运行的仿真结果分析与策略

1. 演化博弈模型求解

客户对装备制造企业服务化水平的需求程度 α; 投入服务要素的异质性程度 β 以及装备制造企业资源汲取能力系数 μ 均会对服务化策略结果产生正向影响。当 α 系数变大, 而其他参数不变的情况下, D(x*, y*) 的值将变小, 鞍点 D 将向左下角移动, 此时系统收敛于 O(1, 1) 的可能性就会增加, 装备制造企业和客户选择服务化策略的概率就会增大。当 β 与 μ 变化同理。随着二阶段模型中的 s 逐渐增大，ADBC 的面积先变大而后减小，博弈双方先是合作的概率增大，而后概率又逐渐缩小。这意味着，在演化过程中，存在最优的现代服务要素需求水平 s。然而随着 μ 的取值变大，ADBC 面积变小，合作的概率减小，此时演化结果向拒绝协同创新方向收敛。

两阶段协同过程中，传统模式与服务化模式下的收益、成本及单边合作成本均将影响策略演化结果。传统模式下的较大收益不利于服务化的实现，服务化下直接收益的增大，将利于服务化的实现。例如，市场收益 u_M 变大时，D 点向上移动，使合作的概率减小。当 u_C 变大时，D 点向右移动，ADBC 面积变小，合作的概率减小。但当 u_{co} 变大时，D 点向左下角移动，此时合作概率增加。D_M 和 D_C 变大时，D 点向左下角移动，合作概率也逐渐变大。u_{co} 越大，D 点向右上角移动，合作的概率将减小。但单边成本变大，将不利于服务化的实现。C_M 与 C_C 增大时，会导致 D 点向上和向右移动，ADBC 面积变小，使合作概率变小。在第二段演化过程中，分析得到的结果相同。

当 K 或 h 过大或者过小都会导致合作不稳定，即收益分配不均，会导致一方拒绝或者终止合作。博弈双方的地位将决定收益分配的大小，由鞍点的坐标可知，当 k 或 h 值由小到大变化时，点 D 先是向右下角移动而后向右上角移动，ADBC 的面积先变大而后减小，博弈双方先是合作的概率增大，而后概率又逐渐缩小。

风险收益与损失的态度系数和损失敏感系数会影响服务化策略的效率。依据特 K A. 韦尔斯基（K A. Tversky，1979）决策模型中的假设条件 η 与 χ 的取值均在 0 到 1 之间，η 与 χ 逐渐变小时，将不利于双方合作。由于服务化成功的概率具有不确定性，有限理性意味着会产生模糊厌恶，这将使不确定事件的发生概率被低估，即 $\pi(P_1) < P_1$，决策概率越小，导致 V_1 和 V_2 越小，即降低了博弈双方对协作结果的价值感知，从而影响双方合作。不采纳服务化策略，装备制造企业也可能通过其他途径成功转型升级并获得创新能力，但依据我国现状，这种概率明显小于服务化策略下多方协作创新成功的概率，对独自创新并成功完成转型升级这种概率极小的事件，有限理性往往高估其发生的可能性，即 $\pi(P_2) > P_2$。因此，V_3 与 V_4 变大将导致博弈双方向不合作演化。

2. 演化博弈模型仿真分析

为了验证上述结论，并更加直观地展现各影响因素对系统演化结果的最终影响并揭示演化规律，对模型运用 MATLAB 进行仿真数据分析。依据上述模型的基本假定，并参考 Tversky 的参数取值范围，本书设定的客企协同演化过程参数取值如下：$\alpha = 0.7$，$\beta = 0.88$，$\mu = 0.2$，$\lambda = 2.25$，$\eta = 0.61$，$u_M = 0.25$，$u_c = 0.175$，$u_{co} = 0.6$，$D_M = 0.2$，$D_C = 0.15$，$D_{CO} = 0.11$，$C_M = 0.3$，$C_C = 0.25$，$K_M = 0.5$，$K_C = 0.5$。设定的两业内企业协同演化过程参数取值则依据 Visnjic 的参数设定标准，具体取值为：$S = 0.27$，$\pi_1 = 0.175$，$\pi_2 = 0.15$，$\pi_3 = 0.85$，$\omega = 0.5$，$h = 0.55$，$C_1 = 0.15$，$C_2 = 0.15$，$C = 0.1$，$\mu = 0.2$，$I = 0.2$。

（1）相关要素对客企协同系统演化的影响主要涉及服务化水平需求敏感性分析、服务要素差异化敏感性对演化结果的影响分析、企业资源汲取能力的敏感性分析、收益分配系数的敏感性分析、损失规避系数的敏感性分析和风险态度系数的敏感性分析六个部分。

第一，服务化水平需求敏感性分析。服务化水平的需求敏感性演化结果如图 3 – 5 所示，客户对装备制造企业提供的服务水平依赖程度越高，越容易演化为（开展，支付）这一稳定状态，客户对服务水平的需求增加时，其与企业的合作意愿变强，装备制造企业开展服务化也更顺利。依仿真结果可见，客户对服务水平的需求度虽不足以改变博弈演化的最终结果，但将影响博弈双方采纳服务化策略的效率。

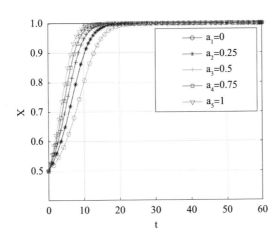

图 3 – 5　服务化水平需求对客企协同博弈演化结果的影响

资料来源：MATLAB 统计输出。

第二，服务要素的差异化敏感性分析。服务要素差异化敏感性对演化结果的影响如图 3-6 所示。服务要素的差异化越明显，博弈双方越容易达成合作，博弈过程收敛于合作这一稳态的耗时更短。服务要素导致的差异化程度 β 使采取服务化的装备制造企业更具竞争优势，因此也会促使采取传统模式的装备制造企业依据客户需求尽快开展服务化。但当差异化程度过小时，博弈最终将向不合作演化。这表示，当客户提供的要素与装备制造企业之前的资源与能力同质化较严重时，客户会因为不理想的预期拒绝支付服务化费用，而装备制造企业也会拒绝改变传统策略。由此可见，服务要素的差异化程度不仅影响策略采纳效率，还直接影响服务化策略采纳结果。

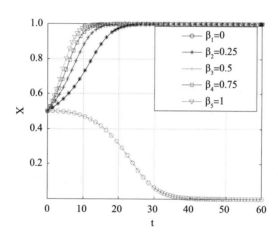

图 3-6　服务要素的差异化对客企协同博弈演化结果的影响

资料来源：MATLAB 统计输出。

第三，企业资源汲取能力的敏感性分析。企业资源汲取能力的敏感性对演化结果的影响如图 3-7 所示，装备制造企业吸收和提供资源的能力 μ 越大，博弈过程向（开展，支付）演化的概率越大，且速度更快。装备制造企业资源汲取能力代表了企业调动可利用的资源的能力。服务化是一个整合的过程，需要通过数字化，智能化等创新手段进行服务资源的重新编排，因此较高的企业资源汲取能力，将加快服务化的效率。除此之外，从仿真结果可见，当企业资源吸收与提供能力均较差时，也不会影响博弈结果向采取服务化策略演变，这体现了装备制造企业对服务化策略带来的创新结果的渴求。

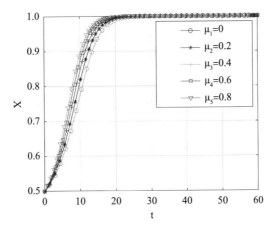

图 3 - 7　企业资源汲取能力对客企协同博弈演化结果的影响

资料来源：MATLAB 统计输出。

第四，收益分配系数的敏感性分析。收益分配系数 K_M 的变化对最终演化结果的影响如图 3 - 8 所示，仿真结果显示，$K_M < 0.25$，或 K_M 接近 1 时，都会导致策略的演化结果收敛于（不开展，不合作），如若 $0.25 < K_M < 1$，则随着 K_M 的增大，结果向合作演化的速度变快。这意味着收入的合理分配是合作最终达成的重要因素，并且与客户相比装备制造企业对收益分配系数更敏感。这意味着客户更关注获得的产品与服务价值的大小，对利润分配偏差的容忍性相对较高。对 K_C 的分析，与 K_M 类似。

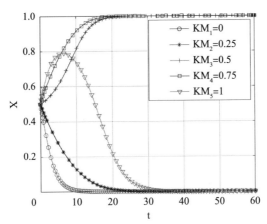

图 3 - 8　收益分配系数对客企协同博弈演化结果的影响

资料来源：MATLAB 统计输出。

第五，损失规避系数的敏感性分析。损失规避程度对演化结果的影响如图 3－9 所示。当损失规避系数 λ 变大时，服务化策略的实施效率下降，并且将最终导致结果向（不开展，不支付）方向演化。这意味着当企业与客户对损失较为敏感的时候，即使服务化带来的收益可观也将拒绝采纳服务化策略。因此，博弈双方的风险态度以及模糊厌恶程度会影响服务化策略的实施。

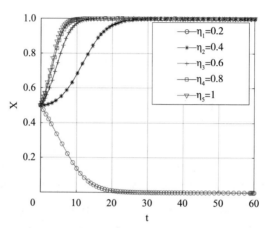

图 3－9　损失规避系数对客企协同博弈演化结果的影响
资料来源：MATLAB 统计输出。

第六，风险态度系数的敏感性分析。如图 3－10 所示，是风险收益与风险损失的态度系数对演化结果的影响。当风险收益与风险损失的态度系数 η 逐渐

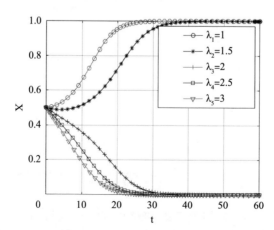

图 3－10　风险态度系数对客企协同博弈演化结果的影响
资料来源：MATLAB 统计输出。

变小时，系统将向（不开展，不支付）的稳态上演化。临界值在 $\eta = 0.6$ 处，与 Tversky 的实验结果 $\eta = 0.61$ 基本一致。η 越小，代表出于主观的决策权重与客观概率差距越大，主要体现为对大概率事件的信心不足和对小概率事件的风险寻求。企业与客户若拥有较低的风险收益与损失态度系数，就会因为有限理性而低估服务化成功的概率，而高估自主创新的概率，最终导致结果向（不合作，不支付）演化。

（2）相关要素对两业内企业协同系统演化的影响涉及现代服务要素需求敏感性分析和收益分配系数敏感性分析两部分。

第一，现代服务要素需求敏感性分析。装备制造企业对现代服务要素水平的需求系数 S 对最终路径的影响如图 3 – 11 所示。将 S 取值 0.1、0.3、0.5、0.7、0.9，系统演化情况如下，当 S 逐渐增大时，演化结果先是更快收敛于协同创新，之后又逐渐降低收敛速度直至最终收敛于拒绝协同创新。在演化过程中，存在最优的现代服务要素需求水平 S，当对现代服务水平依赖性很低时，所需成本也低，此时协同创新的收益也较低。但随着对服务水平的需求提高，满足客户需求的现代服务将强化客户的使用体验，增强持续购买的意愿。此时由现代服务衍生带来的协同创新效用明显增加，弥补了同样增高的协同成本，因此装备制造企业参与协同创新策略的效率加快。但当先进制造业对现代服务衍生水平需求过高时（S = 0.9），将会带来服务成本的倍数增长，系统初始状态向协同创新演化，但随后迅速调头向拒绝协同结果收敛。急剧增加的服务衍生成本导致系统最终向拒绝协同创新演化，企业在此时会选择削减协同创新成

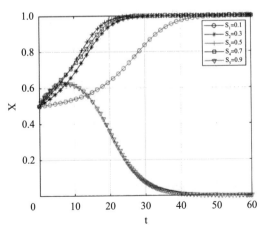

图 3 – 11　现代服务要素需求对两业企业协同演化结果的影响

资料来源：MATLAB 统计输出。

本或拒绝协同创新策略。这意味着，装备制造企业与生产性服务企业的协同创新应以装备制造企业提高核心能力与技术为主体，一味追求服务而忽视核心能力的装备制造企业将面临生产活动难以维持的风险，这也说明了装备制造企业需要先依据客户需求制定服务化目标，在此基础上才能更有针对性地与现代服务企业制定相应的协同创新策略。

第二，收益分配系数敏感性分析。收益分配系数对两业内企业协同演化结果的影响如图 3 - 12 所示。图中是协同创新的收益分配系数 h 在分别取值 0、0.2、0.4、0.6、0.8 的情况下博弈系统的最终演化结果，装备制造企业与生产性服务企业无论哪一方分得较小的协同创新收益均会影响演化结果向不参与协作收敛。这意味着只有较均等的收益分配系数才能促进协作策略的达成。源于对服务要素的依赖，装备制造企业相比于生产性服务企业对收益的偏差具备更高的容忍性。当 h 较小时，例如 h = 0.2，起初都是先向协同创新决策结果演化，而后再迅速向拒绝协作策略结果收敛。但对其映射点，h = 0.8 时，演化策略直接向拒绝协同创新收敛。但不论收敛速度如何，收益的分配不均都将导致协同策略最终无法达成。

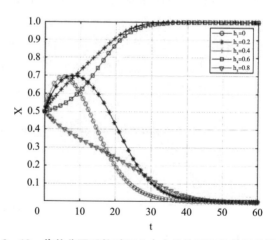

图 3 - 12　收益分配系数对两业内企业协同演化结果的影响

资料来源：MATLAB 统计输出。

3. 路径运行策略

通过对价值点拓展型 GVC 升级路径下装备制造企业分别与客户和生产性服务企业协同演化关系模型的构建、求解及仿真分析，可以得到如下结论及管理策略：

（1）服务要素异质性对策略的影响最为强烈，其决定了服务化的成败。高级服务要素的嵌入可增大服务要素的异质性，因此政府应鼓励装备制造企业加速与数字化、智能化等科技服务要素交互融合。

（2）服务化策略的实施具有不确定性，装备制造企业路径依赖性强，因此需要政府给予相应的服务转型激励政策，例如加强可供协作的平台建设、增加资金补贴额度、降低税收等。部分装备制造企业虽急需通过服务化实现转型升级，但因企业自身资源与能力的限制使服务化策略的实施效果并不显著。因此，政府要结合行业与企业的基本状况，采取合理的激励政策，不可过度激励造成装备制造企业服务化过度。有效的协作创新策略需要先进制造企业建立与客户的紧密合作关系，从客户需求出发整合所需资源，以实现提高生产效率、降低生产成本和促进技术创新的目的。

（3）政府还需有效保护参与服务化策略的相关主体的利益，完善监管政策，规范服务化过程中的相关法律法规以降低服务化实施过程中不必要的损失，包括产权的保护，防止知识窃取等，从而以获得良性可持续的协作创新系统。

（4）应增强装备制造企业与客户对服务化转型的信心，提高客户，尤其是非专业特质的客户对服务化收益的价值感知，加强各参与方的协调与沟通，建立知识共享平台，使企业与客户的损失厌恶系数以及风险与收益态度系数在合理范围内波动。

（5）协作创新过程中要保障核心先进制造企业和骨干企业之间的利润合理分配。合理的利润分配制度不仅需要考虑企业地位和投入，还应考虑协同创新的意愿。适当的利润分配不仅可以避免"搭便车"的行为，还能调动企业合作过程中的积极性。复杂协同创新系统中具有核心技术的强势参与人一般会承担利润调控的角色，值得注意的是，在对利润进行分配时要考虑整个系统的稳定和点位跨越。若系统中缺少利润分配的调控者，政府将需要制定相关政策来保证利润分配的合理性。

3.4　本章小结

本章从升级路径分析、构建与运行三个方面对价值点拓展型 GVC 升级路径进行了设计。首先，从路径内涵、特征、升级构建思路等方面对价值点拓展型路径进行了详细的分析。其次，从客企交互下的需求分析、基于产品的需求整合和拓展路径下的优势建立三方面构建了价值点拓展型 GVC 升级路径。最后，依据路径运行的稳定性分析，分别构建了装备制造企业与客户和生产性服务企业的演化博弈模型，通过对模型进行求解与数值仿真，分别得到了影响装备制造企业客企协同关系和两业内企业协同创新演化结果的关键因素，并通过相关结论分析得到了该升级路径下的路径运行管理对策。

第4章 基于服务化的装备制造企业核心点位跨越型 GVC 升级路径

基于前文分析，当要素结构处于高服务资源整合能力和低企业组织协同能力时，装备制造企业应遵循核心点位跨越型 GVC 升级路径，本章从路径内涵及构建思路、路径构建内容、路径运行三方面对此路径进行具体分析与设计。

4.1 核心点位跨越型 GVC 升级路径的内涵与构建思路

本书依据前文的要素结构对核心点位跨越型 GVC 升级路径的内涵进行界定，并分析路径特征，在内涵与特征基础上，设计路径的构建思路。

4.1.1 核心点位跨越型 GVC 升级路径内涵

当装备制造企业要素结构呈现高服务资源整合能力与低企业组织协同能力结构时，一方面，企业吸收、融合、集成复合型资源的能力较强；另一方面，企业又难以通过灵活、柔性的组织结构变革实现各环节整合下的全链条组织管理战略。企业在这一过程中不仅需要确保一切有效的服务资源可以被自由调度，同时，也要确保服务资源与企业其他资源可以在一定程度上完成匹配。因此，企业实现服务资源整合的前提是企业具备关键技术能力。掌握关键技术的装备制造企业更容易争取到辅助性与互补性的外部资源与知识以实现技术能力积累，从而实现企业的关键技术突破并完成在 GVC 上的点位跨越。因此，核心点位跨越型 GVC 升级路径是企业识别关键技术跨越位置与时机，选择核心跨越突破点，协同相关企业与机构，充分吸纳先进的服务资源与知识，并将其与企业自身关键技术与能力全面整合，实现核心技术点位能力积累与突破的过程。

4.1.2　核心点位跨越型 GVC 升级路径特征

本书从企业技术层级性特征、开放协作的升级过程与原嵌入环节局部突破下的价值增值的 GVC 升级方式三个方面分别分析了核心点位跨越型 GVC 升级路径的特征。

1. 技术层级性特征

装备制造企业技术复杂，信息难以实现完全对称，这使得要素轨道具有明显的层次性特征，并且这一轨道多表现为技术轨道。最高层次的技术轨道往往可以代表 GVC 最终产品或者产品关键功能的核心技术。向着核心技术轨道极限逼近的点被称为顺增点，顺增点致力于重点挖掘技术差距下存在的最大的技术潜力，技术差距体现了企业产品升级与工艺升级的空间大小，技术潜力体现了此路径的升级余地。因为装备制造企业的核心战略点位突破涉及技术极限的跨越，跨越的位置就显得至关重要。企业应预判技术革新时机，并在此之前采取行动，同时也要甄别出难以改进与提升的技术点位，并及时终止对此类技术的大量投资。因此，对以核心技术升级作为 GVC 升级方式的装备制造企业而言，技术航标的识别是企业进行关键点突破与跨越的重点，也决定了企业的产品改进和工艺改进将有多大的余地，而战略技术航标的选择与企业所在赛道和企业自身能力与素质都密切相关。当企业的核心技术与产品的核心技术同属一个层级时，若核心技术处于迅速成长期，升级重点则应转向生产工艺方面，此时新技术既体现在产品上又体现在生产设备上；若核心技术处于成熟期，经济规模扩张，技术价格高导致其可控制 GVC 上的其他企业；若核心技术处于成熟末期，技术含量在产品和设备中得到完全彰显，投资成本剧增，企业若需要这部分技术只能依靠引进。当企业通过低层次技术轨道越轨实现轨道超越时，具有新知识或跨业资源的中小装备制造企业更容易卸掉繁重的企业组织包袱并革新传统技术系统，低转换成本与高资源汲取能力使其更易抓住机会窗口期，低层次轨道的跃迁往往较少波及核心层技术，窗口期较短，壁垒较大。因此，战略点位选择决定了企业点位跨越模式的选择，决定了升级的程度与空间，顺轨追赶模式和跨轨超越模式的选择对应着不同的战略组织模式。

2. 开放协作的升级过程

服务资源汲散能力是装备制造企业形成服务资源整合能力优势的基础,较强的服务资源汲散能力使企业可以充分调用企业外部的一切高级服务要素,例如生物技术、信息技术和超导技术等前沿新兴技术,这些要素被企业取用的同时,也逐步渗透和改造了装备制造企业,并深刻影响着装备制造企业的加工和装配活动,由此又进一步引发了产业边界的融合与消失。在跨产业融合过程中,掌握着差异化资源要素的跨产业企业间可以进行资源的交叉与互换。生产服务专业化通过降低产品制造的成本与费用,为装备制造企业创新提供了良好的技术支持,使新兴产业可以更好地从"制造"向"创造"发展;随着创新型服务的引入,信息、知识、资本流动的不断增加,企业的知识储量与生产规模不断上升,企业的生产制造向研发、设计环节攀升;伴随融合深化,还需要服务型网络机构、高校、业内研发机构以及相关企业群体等基础科学技术设施作为保障,以满足企业技术跨越各环节资源需求。因此,建立开放协作的社会关系非常必要,这可以保证跨越过程的系统性。

3. 原嵌入环节局部突破下的价值增值

核心点位跨越型 GVC 升级路径下,装备制造企业核心任务是通过核心技术的改进提高产品性能,并培育产品新的竞争优势。因此,采取核心点位跨越型 GVC 升级路径的企业需要集中资源与能力进行局部突破,并主要通过核心点位的技术含量提高企业在 GVC 上的市场竞争力。这一路径下,企业通过专业化分工,将传统产业中与核心竞争优势相关性低的产业进行分离,把重心放在核心产品的生产制造上。在技术战略全局下,企业在合适的时间与领域聚焦于特定技术活动。这种重点突破的形式,需要审时度势,决定取舍,把企业的资源主要集中投入在具有重要驱动作用的领域,以便追踪研究进展,不断积聚、积淀核心技术竞争力,实现里程碑式突破创新。伴随 GVC 关键点位跨越,装备制造企业在 GVC 的位置虽未变化,但通过增加 GVC 低端环节的技术(知识)含量和附加,改变了微笑曲线的形状和陡峭度,缩小了现有价值链内各环节之间价值增值能力与收益分配地位上的差距,从而实现了企业在 GVC 上的升级。

4.1.3 核心点位跨越型 GVC 升级路径的构建思路

依据点位跨越型升级路径的内涵与特征,本书构建了基于企业内在技术能力积累的点位跨越型升级路径。基于上文分析，装备制造企业的核心点位跨越是一种技术改进或创新，但他又区别于一般意义上的技术创新，这种区别主要在于，一般意义的创新带有很大的不确定性，机会也具有随机性，而企业核心点位跨越更具有针对性，可行性更强，风险也相对更低。点位跨越路径下，企业需要对自身能力、资源以及技术轨道进行持续的、充分的扫描与动态匹配，以促使企业各环节信息更加对称、创新点定位更加系统、科学，从而进一步形成知识储备更为丰富的技术能力积累，这将减弱创新背后的不确定性。因此，基于核心技术能力积累的点位跨越是限制了风险敞口下的创新过程。同时，创新需要大量外在资金与资产的投入，当外在投入充分流动时，资源投入趋于同质。缺乏知识积累也使装备制造企业容易因技术落后而被卡脖子，难以获得可持续的企业竞争优势。强调内在技术能力持续积累的点位跨越，其能力的逐渐积累带有隐蔽性，难以复刻与模仿性使其得以获得可持续且动态可调的企业竞争力，使企业在 GVC 上的增值能力得到提升。

　　装备制造企业的核心点位跨越多与技术相关，而技术跨越源于技术构想，构想的基础需要企业充分了解自己能做什么和将要选择做什么。企业的资源集散优势，使企业可以基于大量的知识和资源进行机会与问题的挖掘，切中要害，实现突破。企业的觉察能力将帮助企业真正发现问题并抓住机会，因此企业需要通过挖掘、识别、不断搜索等环节形成自身的资源能力。在完成构想后，企业需要充足的优势能力实现最终的核心点位跨越，技术能力成为跨越的核心驱动能力。因此，如图 4-1 所示，企业技术跨越的过程即为企业静态核心能力向动态核心能力不断转化的过程，通过企业对自身资本与能力以及社会资本资源的挖掘、识别、搜寻与探索，实现了过时技术的退出和优势技术的强化，伴随着一系列的有形产出，如新产品、新工艺、新功能等，顺增性技术能力进一步提高，知识与资源积聚并释放，逐渐促进了企业技术能力在组织技术中的传递与积累，形成了动态能力与资源能力循环交互的核心点位跨越能力，丰富了价值增值过程，实现了企业在 GVC 上嵌入环节的附加值增加，缩短了与 GVC 链上其他位置企业的差距，社会资本增加作为即刻回馈，继续引致新一轮的技术跨越，企业在 GVC 的嵌入环节的附加值得到持续上升的动力，最终得以平滑 GVC 微笑曲线，使企业获得升级，如图 4-2 所示。

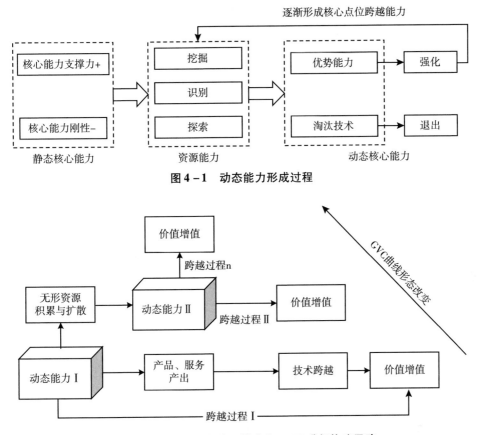

图 4-1　动态能力形成过程

图 4-2　核心点位跨越下的企业 GVC 升级构建思路

4.2　核心点位跨越型 GVC 升级路径构建

依据核心点位跨越型 GVC 升级路径的内涵界定与特征分析，设计了核心点位跨越型路径的构建思路，本书从企业核心点位识别、核心点位辐射以及技术群体结构下的 GVC 升级形式三方面进行了路径构建。

4.2.1　企业核心点位识别

装备制造企业核心点位识别是点位跨越的基础，识别的结果可用于判断装备制造企业技术跨越主流技术层级的概率、时机与空间。核心点位识别需要识别的点有两层含义，一个是升级位置点，另一个是升级时间点。核心点位识别主要包括以下几个步骤：初步监测企业资源与能力，形成匹配合集；识别技术跨越机会，依据产业环境基本情况与企业技术生命周期；确定点位备选集，通过备选集点位的战略与战术性分析，完成点选择。本书以核心点位识别作为构建企业升级路径的第一步。

1. 能力与资源监测

能力与资源搜索是战略突破点选择及决策的基础和前提，解决装备制造企业在 GVC 下能做什么的问题，这对制定和实施战略非常重要，防止因关键技术点位跨越引发的技术滞后和技术释放不足等问题。同时，这一点位的选择不一定是在技术空间中的最优位置，是动态资源、技术和企业能力之间平衡的最优结果。装备制造企业此时基于服务化手段对资源和能力进行扫描，以此建立与技术机会的联系，并在资源和能力间进行合理匹配。

（1）内部服务监测。基于投入服务化，可针对企业内部技术与要素以及外部知识进行盘点，形成并强化企业技术轨道。服务资源汲散优势使企业的资源与知识发生内部创造和外部获取的双重作用。内部监测有助于发现核心环节间的交换与整合关系，并析出相关要素进行可视化与显性化转化，这一过程的服务化使企业可以观测到自身未来发展的潜力。内部服务监测有以下几个侧重点：首先是能够跟踪装备制造企业核心技术的革新情况和重要辅助技术的发展状况，并与外部技术实时比对，发现潜在的技术极限威胁；其次是挖掘到对本企业的技术更新能够起到积极作用的市场技术创新和技术改进；最后是监测并评估客户的技术期望，凝练成企业打开重要市场的核心点位发展方向。

（2）外部服务监测。外部服务监测目的是要找到哪些外部知识与要素可以向企业内部进行转移并产生利用价值，此阶段是初期的投入服务化内容，当外部知识显性化时，投入服务要素即已经形成。外部监测注意以下四个方面的问题。第一，企业代表核心能力的技术点位对其他产业的带动和渗透作用如何？是否有技术在跨产业间发展中发挥革命性作用？现有的技术轨道会被影响或取代吗？第二，企业核心能力点位是否存在跨行业应用？实施情况如何？潜力如何？第三，合作伙伴的主要核心技术变化是什么？第四，技术支持层是否一致？服务相关因素能否通过技术模块提升竞争对手的市场进入壁垒？

（3）技术轨道监测。技术探索是企业对技术轨道的选取，技术创新扩散速度决定了企业想要选取并进入哪一条技术轨道。因此，环境、资源汲散与整合通过影响技术扩散速度决定企业的技术轨道。服务化为企业创造的资源与知识流转的通道，将协助企业进一步厘清可能的发展方向，并一般从以下三个方面展开：一是监测到可以最大限度满足客户需求的细分市场技术；二是生产性服务业与目标企业进行知识转移时，知识流能否产生汇聚、是否会对基础技术产生积极影响、是否有技术融合或者技术改进以及技术突破出现，以及有没有可能结合不同的技术流来创造新的机会；三是现有技术进入主流技术的空间与机会大小。

2. 备选点集分类

知道了企业能做什么后，机会识别揭示了装备制造企业在不同情况与模式下选择做什么的问题。按照能力和资源监测过程中企业资源和能力的平衡情况，企业可建立现有或未来的技术跨越点集。企业需要从三个方面归纳备选点集，分别是技术跟踪需求、技术研究需求、重点发展技术需求。

（1）技术跟踪需求。目前有些技术只是展露出一些可能性，未来的发展尚不清楚。在技术发展过程中存在很多未知因素，包括政府的行为、市场的反应、基础科学发展进程以及竞争者的行动等，随着社会的发展、技术研究的推进，这些因素可能会对全局产生重大影响。企业应该持续追踪有关技术的研究进展信息，并为其建立相应的独立档案。

（2）技术研究需求。有些技术具有渗透作用强、影响范围大的特点，但面临的不确定性也更加明显。此类技术需要企业通过开展深入研究以逐步降低其不确定程度。根据以往的实践经验，在新技术研发初期，最佳决策应该是分阶段进行投资，同时选择推迟延缓某些项目或者开发多条技术通道。只要这项技术的不确定程度低于一定的阈值，或是企业基于自身能力可以使某一条技术通道发展至更优状态时，就可以考虑在公司内部进行大力推行。

（3）重点发展技术需求。这些是会对公司核心竞争力的培育、未来的道路发展以及行业竞争形势造成重大影响的技术，即直接影响到装备制造企业中长期战略规划的一类技术。特别的一点是，基于市场、技术等不确定性因素的存在，公司往往面临多项难以抉择的技术研究方向，若这些技术具备互补性，公司则可以协调多项技术发展，但大多数技术发展是互斥的，企业必须在这些技术中进一步做出选择。

3. 点位选择

列出跨越备选集后，得到了点位跨越升级下的基本战略方案，考虑到技术跨越的收敛性和不确定性，点位选择十分重要。战略点位选择决定了企业升级的模式选择。本书将点位选择划分为以下四个方面。

（1）依据资源和能力选择。依据资源和能力的适配性与可得性选择装备制造企业 GVC 核心跨越点位的核心是关注点位跨越所需相关资源的匹配性，即结合自身优势挖掘可能的技术机遇。20 世纪 50 年代，钱学森提倡先研发导弹，再攻克飞机的发展战略，而在世界范围内飞机的发明远早于洲际导弹，这主要是因为，制造飞机需要强大的基础工业与材料工业支撑以保证任期的安全飞行，这一点中国并不擅长。而导弹消耗具有一次性特点，更注重精确制导，对材料的要求也不那么严格。由此可见，研发的先后要参考国家的实际情况，这也体现了中国人民的智慧。企业的研发点位选择也一样，值得强调的是，协调匹配的资源与能力概念是具有动态性的，除了包括当前的技术和资源外，也包括容易掌握和容易获得的技术和资源。

（2）依据主导设计选择。依据主导设计选择装备制造企业 GVC 技术跨越点时，必须做好主导设计的判断、选择与运用。如果企业涉足的产业发展处于尚未形成主导设计的早期阶段，则产业相关技术的发展动向即为点位跨越的关键，锚定主导设计发展方向，把握时机，掌握技术突破主动权，争取领先推出主导设计将使企业顺利实现 GVC 的技术跃升。如果在进入产业时，主导设计就已经出现，就需要准确地辨别理解好主导设计。主导设计判断错误将无法顺利完成技术跨越。国内外存在很多这方面的经验教训可以供我们借鉴。

（3）依据核心能力选择。依据企业核心能力选择装备制造企业 GVC 技术跨越点时，企业首要关注的是自身的核心竞争力和竞争优势，这极大地帮助企业降低了技术的转换成本，更易形成企业独特且难以模仿的 GVC 竞争优势。值得说明的是，企业的核心竞争力并非静态的刚性能力状态，其需要是伴随外部环境变化而实时更新的核心竞争力体系。

（4）依据市场需求选择。依据市场需求选择装备制造企业 GVC 技术跨越点时，在选择技术跨越点时，应该了解市场及社会对技术的特定需求。基于资源的限制，企业需要谨慎地选择需求迫切并具有巨大市场发展潜力的领域。除此之外，还需考虑技术溢出效应强度，判断其是否更易在产业间进行技术扩散，甚至更易通过形成技术联盟成为整体产业技术的优势技术。最后，企业需要重点刻画需求市场的差异化特征，尤其双循环政策下，企业面临的是国内外技术发展状况不均的需求市场。因此，必须充分考虑到各个市场经济与需求的区别。

4.2.2　企业核心点位辐射

在核心点位选择的基础上，进行核心能力突破需要集群的示范效应，反过来，集群效应又将促进点位处相关技术的扩散和模仿。资源、知识、信息等无形资源流动频繁的企业，可以利用大量资源的集聚效应冲击企业核心技术的临界点，并通过非专用资源的扩散获得范围经济。本书从三方面构建了企业核心点位的辐射机制，分别为局部突破、能力升级空间和组织间协同。

1. 局部突破

高技术产业不太可能在平衡的情况下全面实现核心技术点位跨越，因此必须首先从单个技术领域、单个公司开始，并依靠特定的节点完成启动。其战略还同时涉及精细且周密的组织问题，需要辨识较为经济的，且能带动整个项目网络的技术项目进行优先投资与推进，并一般用"诱发系数"来表示关联技术项目之间的关联性强弱。局部的突破性进展将带来广泛的核心能力进步，局部带动、诱发和辐射与装备制造企业相关的企业组织与机构。因此，在局部突破后常会伴随较明显的集群效应，以往研究中集群的初现与发展也确实需要一个与核心能力息息相关的局部突破作为支撑。在装备制造企业核心能力的点位支撑下，集群示范效应又将继续促进点位处相关技术的扩散和模仿，这一扩散与模仿将进一步提高装备制造企业技术突破位的附加值。

2. 能力升级空间

企业 GVC 核心点的技术跨越是基于空间点决策寻找合适的跃迁机会的过程。空间点位选择具有顺轨追赶与跨轨超越两种空间机会，分别构成了顺增点与跨越点。不同机会下会形成不同的点位升级模式，同一轨道上的增量创新体现了企业工艺升级的能力与水平，跨层级的颠覆式创新则为企业带来了新的创新点位。前文技术轨道检测中的机会分析也充分体现了这一点。如前文所述，装备制造企业核心能力点位，是时间紧迫、技术攻关难度大的确定型目标，因此，装备制造企业需采用分散收敛型的组织过程，用于开发与创新的资源与信息需要来源于不同的组织以及机构。这不但克服了企业自身组织的不灵活性问题，也最大限度地调动了分散于协作组织内的知识与资源。基于战略点的组织形式主要需要解决以下四个问题：（1）创造存量资源的范围经济问题；（2）避免流量资源的规模不经济问题；（3）平衡资源集中与开放的问题；（4）控制技术溢出负效应的问题。中间组织作为一种协同组织方式可以较好地解决以上问题。企业基于内外部资源进行核心能力点位跃迁，组织安排的重要程度并不亚于技术，然而 L－H 型企业的组织刚性比较突出，因此可以与外部企业协同构建合理的虚拟组织形式。基于战略点的选择，企业的发展目标与方向较明确，加之技术的突破需要密切关注机会的时间窗口。联盟形成的"中间组织"关系，一方面可以在形式上保留许多市场交易的关系集中优势资源，另一方面又遗传了组织内部关系的关键特征，因此具备内、外部组织的双重特征。在中间组织中，有共同目标的企业将针对关键目标重点攻关重点突破，资源的规模效应和协同效应在此过程中发挥关键作用，服务资源汲散充分的企业，资源、知识、信息等无形资源流动频繁，这使企业可以利用大量资源的集聚效应冲击企业核心技术的临界点，也可通过非专用资源的扩散获得范围经济。组织间资源联合产生的协同效应，不仅使原企业内部各资源突破规模阈值产生规模效应，也填补了企业原本的技术鸿沟。此外，中间组织可以将技术溢出限制于中间组织界限之内，实现溢出效应的内部化。最后，中间组织产生的协作收益较单一企业技术创新而言是具有明显优势的，不仅可以避免由双赢或者双输的竞争局面导致的收益的不确定性，还可以降低成本缩短研究周期。中间组织解决了市场范围内企业难以自由搭配的问题，同时也摆脱了单一组织内部受功能组合关系制约的紧密组织原则的束缚。因此，在中间组织的影响下，受装备制造企业技术内核引领，服务流、资源流、价值流和知识流跨越企业边界到达新的组织合作边界可达层，模糊的组织边界更易调用环境资源获得组织外部环境支撑，因此能力边界范围得到扩展，企业技术能力改造的深度与广度也得到保证，如图 4-3 所示。

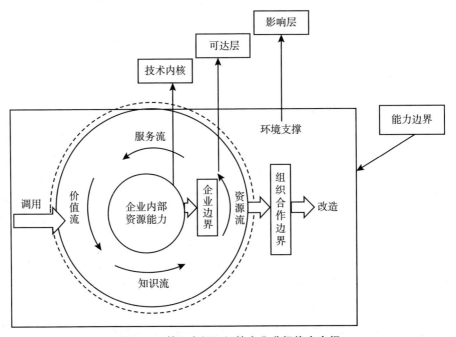

图 4-3　基于中间组织的企业升级能力空间

3. 组织协同

在明确战略点辐射范围和升级能力辐射空间范围的基础上，装备制造企业将进一步通过组织协同实现 GVC 升级。本书从内部组织协同与组织间协同两方面构建完整的组织协同。

首先，在内部组织协同过程中，组织柔性不足的装备制造企业可以通过建立独立技术研究部门，例如创新事业部等，解决企业由于组织惯性依赖、转换风险与代价过大造成的转型和开发动机不足的问题。企业优先选择项目，并且一旦决定在其内部进行项目孵化，企业便需要通过公司已有的供销渠道和服务网络收集客户需求信息，并反复进行产品测试与改进。市场效应是创新研究设计部门检验创新成果最基本方式。研究设计创新成果难以像商品一样，立竿见影地体现其价值，目标市场、对客户需求认知的开发都影响着其总价值，因此从研发设计、生产制造到营销服务都需要目标明确、通力合作。

其次，在组织间协同过程中，装备制造企业可以通过联合研发实现技术信息共享、技术转移加速、资源有效配置、研发规模限制突破等。组织间协同主要包括以下几方面要素。

（1）组织协同资本。关于高风险技术跨越项目，建立可持续发展的技术跨越联盟的前提和基础在于组织协同资本。建立和发展技术跨越战略联盟要以良好的社群资本为基础，它的本质和组成部分包括信任、规则和网络。信任是个人在给定时间段内通过多种相互作用得到的对其他个人可依赖度的认知，也可归属于信息。社群资本的一个关键特征就是信任的中介转移，由于甲信任乙，乙信任丙，导致甲信任丙。更密切的网络联结可以通过相互信任来表达。因此，信任是技术跨越战略联盟建立的关键。

（2）组织协同多样性。多元化资源决定了高新技术产品之间的跨越协同效应，单个企业的知识和资源不能够有效、准确地进行能力建设，实现高新技术的突破。而联盟成员显著的且丰富的多元化资源和层次结构奠定了最终的协同结果。

（3）组织协同程度。企业合作的程度取决于联盟公司之间的信息交流效果。公司开展技术跨越研发工作需要建立研发信息交流网。若研发机构不进行信息交流与合作联系，就无法充分利用并全面整合各公司掌握的独特研发资源。因此，紧密联系与相互协作的研发活动能够从总体上更好地促进研发机构主要特色和功能的发展。

（4）组织协同方式。资源多元化、社会资本和信息交流等要素均密切影响着战略联盟的组织协同。组织协同方式有联合引进攻关和建立研发合作交流网两种。其中，联合攻关需要装备制造企业、配套企业、高校、研究机构、竞争企业等共同参与完成。高校、研究机构或者企业通过设立联合开发基地的形式推进企业间的长期合作，并主要侧重于基础技术和通用技术的发展。在这个过程中，政府可以起到协调相关组织活动，推动合作顺利进行的作用，避免个别企业仅考虑自身利益。除此之外，也可以通过建立研发合作交流网使不同区域和种类的信息聚集，充分发挥联盟的整体研发实力。欧洲、美国和日本等发达国家通过建立战略联盟方式实现共同技术跨越的案例十分多见，其更为分散和自由的成员机构间关系可以营造适宜的创新空间，更好地推进联盟内部研发工作的开展。

4.2.3　技术群体结构下的跨越式 GVC 升级

前文已说明，企业可根据自身以及可获得的资源与能力探索，归拢编排新的战略点位备选集，并依据企业的动态核心能力，更新选择战略性点位，战略点位的辐射与组织协同结果形成的技术群体结构决定了点位渗透型升级路径下装备制造企业具体的 GVC 升级模式。这也解释了为什么拥有相似或者类似知识与资源基础的装备制造企业的企业战略与核心能力往往不尽相同。在企业核心能力的层级性影响下，下一层次的技术构筑着并补给着上一层次的技术。基于战略点位的差异性，点位跨越型 GVC 升级模式也存在区别，如图 4-4 所示。当渗透点在边缘特殊技术层上时，形成的是核心环节跨越伴随产品升级的升级模式；当企业战略技术渗透点在顶层核心技术上时，若企业核心能力处于产品技术产业成长期时，形成的是核心环节跨越伴随工艺升级的升级模式，当企业核心能力进入产品技术产业成熟期时，形成的是核心环节跨越伴随功能升级的升级模式。

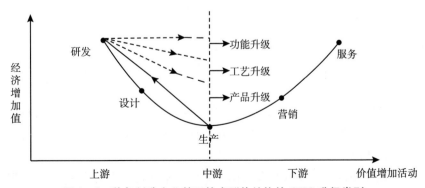

图 4-4　装备制造企业基于技术群体结构的 GVC 升级类别

1. 核心环节跨越伴随产品升级

通过低层次技术轨道越轨实现技术超越的装备制造企业往往位于较成熟的 GVC 上，且往往是具备新知识或跨业资源的中小装备制造企业。低层次轨道的跃迁往往较少波及核心层技术，窗口期较短。低转换成本与高资源汲取能力使这类装备制造企业更易卸掉繁重的企业组织包袱、摆脱传统技术系统，并及时抓住技术机会窗口期。H-L 结构装备制造企业的组织协同能力较弱，这也使其不太可能是成熟 GVC 上的链主型企业，因此，其更可能是以一个元素的形态被核心企业纳入在 GVC 中，属于价值链上的单元型企业，此时企业掌握的技术也多为 GVC 链上的特殊技术而非核心技术。成熟的 GVC 特点是专业分工被高度细化，技术单元小，资源流动频繁且畅通，这也使低层级技术单元内部技术更具备完整性与先进性。处于 GVC 链上的特殊技术层，代表装备制造企业自身核心能力的技术单元，实现跨越的壁垒相对较高，但这类企业一旦实现自身核心技术跃迁，也可以获得相对高的附加值。跃迁发生的时机有两种可能：一个是装备制造企业链接并进入新兴产业时；另一个是核心技术从产业技术发展成熟期转为发展时。新兴产业的高风险性使企业不是轻易投资于固定资产建设，同样，进入产业发展末期的核心技术也很难取得根本性的改变。此时，企业通过改变 GVC 微笑曲线陡峭度，实现制造区段价值增值的 GVC 升级目标需要依靠产品升级得以体现，即企业结合客户需求信息，与科研机构、供应商等展开合作，结合服务资源整合优势，充分协同环境内其他主体，吸收、引进并消化差异化优势技术，以完成资源与知识储备。随着差异化产品出现，企业将实现从传统 GVC 向新兴市场的跨越，也形成了基于战略点渗透的环节间升级伴随产品升级的升级模式，如图 4-4 产品升级带来了 GVC 微笑曲线陡峭度改变。

2. 核心环节跨越伴随工艺与功能升级

当企业的战略技术渗透点位于顶层核心技术上，企业往往选择顺轨演进下的 GVC 升级。

（1）当企业核心能力处于产品技术产业成长期时，服务化策略下，资源与知识开始在联盟企业的技术层级间重新吸纳与编排，部分中间层级技术在不断发展中步入成熟期，并升级成为主层级技术的一部分，新技术得以迅速成长。处于成长期且已基本定型的产品已完成了最初的市场考验，并亟待形成范围经济与规模经济。生产组织在服务化进程中获得进一步优化，在初创期选用的设备当进入产品技术产业成熟期时也实现了专业化。此时，基于服务化产生的新技术不仅可以应用于产品，还将体现在生产设施上，产品升级和工艺升级同步进行。因此在 GVC 下形成了基于战略点的企业核心点位跨越伴随工艺升级的 GVC 升级模式。

（2）当企业核心能力开始步入产品技术产业成熟期时，产品和工艺的关系达到最优状态阶段，规模经济与范围经济已基本达成，企业在 GVC 上因位置产生的优势逐渐淡化。技术拥有者通过维护技能和经验便可控制其他环节参与者，获得价值增值。由于企业此时的核心能力与产品的核心技术同属同一层级，核心层级技术的根本性跃迁使产品产生新功能，新功能又丰富了企业的产品类别。此类战略点位下，成熟技术更易与环境中的异质性资源结合，从而形成迭代式的技术突破，装备制造企业联合顾客、供应商、生产性服务商等，形成 GVC 下基于战略点的企业核心点位伴随功能与产品升级的升级模式。如图 4-4 所示，此时微笑曲线变得更加平缓，中间点位通过辐射研发设计环节反哺了制造区段的价值增值能力，企业核心制造区段与微笑曲线两端差距逐渐消失，甚至到达 GVC 的价值增值高点，实现了微笑曲线向武藏曲线的转化。

4.3　核心点位跨越型 GVC 升级路径运行

依据前文内容可知，组织协同能力弱、服务资源整合能力强的装备制造企业是通过围绕企业的技术战略点位整合具有辅助性与互补性的服务资源，逐步塑造企业的动态核心能力完成 GVC 的点位跨越。因此，形成丰厚的装备制造企业动态核心能力，并使其得到持续强化与提升的过程即为核心点位跨越型 GVC 升级路径运行过程的关键。路径运行的内容为：点位跨越机会识别，点位跨越突破点选择，先进资源与知识获取、消化与吸收等环节相互影响与匹配，塑造强大、灵活并可持续改进的核心能力，衍生新产品、新服务、新技术、新功能，突破核心点位临界点，实现核心点位跨越。因此，本书依据路径运行的要素关系框架，构建了核心点位跨越型 GVC 升级路径运行的结构方程模型，并依据实证结果得到相应的运行策略。

4.3.1　运行的要素关系分析

装备制造企业核心技术跨越难度大且累计时间长。企业若想高效、精准弥补自身资源能力空缺，获得动态可持续的核心动态能力需着重考虑两方面内容：一是保证核心技术能力积累的方向性与实效性；二是建立高效的核心能力积累轨道。资源与能力的识别、挖掘效率与效果决定了企业的觉察能力，并通过内外部资源、技术监测等影响企业升级方向与升级空间。因此，点位识别策略与技术监测手段选择是否得当决定了技术积累的方向性与时效性，从而影响企业技术开发程度。找到开发难点后，企业需要富足的技术能力积累轨道来塑造核心点位的突破能力，企业通过与跨产业组织知识与技术的交互实现具体点位突破。因此，核心点位跨越路径下，技术开发程度和核心点位突破能力通过影响企业的动态核心能力积累影响装备制造企业的 GVC 跨越。点位识别能力基于点监测与点选择两方面影响企业核心技术开发程度，点辐射能力基于组织支撑与协同两方面影响核心点位突破能力。运行过程关系如图 4－5 所示。综合以上分析，本书构建了企业动态核心能力积累下企业实现 GVC 核心点位跨越的结构方程模型，以探究核心点位跨越型 GVC 升级路径的关键影响因素。

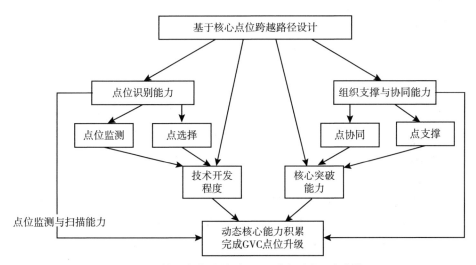

图 4－5　核心点位跨越型 GVC 升级路径运行框架

4.3.2　运行的实证研究

本书结合前文核心点位跨越型升级的路径构建，从核心动态能力积累维度提出了核心点位跨越实现过程中的关键影响因素，并试图探究因素间的作用关系，揭示路径运行的相关策略。

1. 研究假设

首先，依据前文构建部分的分析，点位识别是实现点位跨越的首要环节。企业的点位识别能力包括能力与资源的监测、模式与点位的选择两阶段。首先，能力与资源的监测包括内、外部服务监测和技术轨道检测。高效、及时的资源、能力和技术监测需要企业具备较完善的投入服务化系统，内、外部服务监测系统有助于发现装备制造企业核心技术环节间的交换和整合关系，以此析出相关要素进行可视化与显性化转化，这是点跨越的基础与前提。其次，进行模式与点位的选择。模式选择是备选点集选择。备选点集分类可看作企业的战略点位选择依据，是在上一阶段能力与资源监测的基础上展开的，需同时参考企业已具备的资源积累，并明确点位的技术层级选择。这决定了核心技术点位跨越的方式以及空间，例如企业是更适合顺轨升级还是跨轨升级。这一位置的确定是在备选点集中选择最可能诱发 GVC 升级的点，包含资源、主导设计、企业核心能力、市场需求等诸多方面内容。由此可见，核心点位识别能够促进装备制造企业的点位跨越，因此提出如下假设：

假设 4 - 1：核心点位识别对装备制造企业核心点位跨越有显著正向影响。其中，内、外部服务监测、技术轨道检测、模式与点位选择均对企业核心点位跨越有正向影响，因此三个子假设表示为假设 4 - 1a、假设 4 - 1b、假设 4 - 1c。

核心点位辐射与企业核心点位跨越。点位识别决定了企业预备点跨越的位置，点辐射则是在此位置上实现的广泛的核心能力进步程度，决定了企业核心点位跨越的成败。此阶段通过已知点位带动、诱发、辐射与装备制造企业相关的企业组织与机构，经历组织形式搭建、内部组织协同、外部组织协同三个部分。中间组织作为一种虚拟组织决定了点位辐射的范围，也决定了核心点位开发的资本规模与多样性等，是点跨越的重要组织支撑，范围越大，点跨越的可能性越大，跨越的也将越显著与彻底。内部协同过程是通过研发设计、生产制造与营销服务间的协同作业，反复检验产品或服务市场效应的过程，市场效应决定了可能产生的点跨越的创新成果，尤其是对目标市场和对客户需求的确认与开发将直接影响点跨越实现的总价值。外部组织协同程度决定了知识与资源的交互、转移与分配，决定了资源与信息的共享程度，从而决定了点跨越的最终实现。由此可见，组织协同能够促进装备制造企业的点位跨越，因此提出如下假设：

假设 4 - 2：核心点位辐射对企业核心点位跨越具有显著的正向影响。其中，辐射范围、内部协同和外部协同均对企业核心点位跨越有正向影响，因此三个子假设表示为假设 4 - 2a、假设 4 - 2b、假设 4 - 2c。

点位开发程度与企业核心点位跨越。点位开发程度决定了企业内、外部资源与知识结合并发生相互作用的程度，也是技术进步或者技术创新得以达到的程度。技术点位开发程度主要包含技术层级位置、高新技术引进程度和市场技术开发阶段。开发程度是企业通过资源的有效交换、重组、嫁接、遗传过程后，技术可到达的位置。技术层级位置决定了企业的核心技术能力位置是否处在 GVC 的核心技术层，这决定了企业继续开发这一技术可能带来多大的增值空间，越是处在 GVC 主链的核心技术层，企业技术提升带来的价值增值空间越大。高新技术引进程度决定了企业利用已有技术构建自身技术的能力，企业核心技术层级中包含越多高新技术，企业核心技术的总体技术含量越高，越容易基于某一低层级的高新技术支撑实现技术创新突破。技术开发程度则主要考察了企业运用知识和处理信息开发新产品或者新功能的能力，因而对核心点位跨越的影响是重要且直接的。因此，企业重要点位的技术开发程度与技术创新之间存在显著相关关系。由此提出如下假设：

假设 4 - 3：点位开发对企业核心点位跨越具有显著的正向影响。其中，核心技术模仿能力、核心技术学习能力和核心技术引进能力均对企业核心点位跨越有正向影响，因此三个子假设表示为假设 4 - 3a、假设 4 - 3b、假设 4 - 3c。

点位突破能力与企业点位跨越。企业核心点位突破能力包括技术融合能力、技术扩散能力、技术进步以及技术创新能力。由于点位突破建立在技术积累的广度与深度上，一旦关键点位突破临界点，将带来新的技术融合，并在 GVC 上产生技术扩散，并同时带来跨产业的技术进步与技术创新。无论点位位于边缘特殊技术层还是核心技术层，装备制造企业的核心点位都会实现不同程度的跨越。若点位位于边缘技术层，点位突破会使企业有机会进入新兴产业，并结合客户需求与科研机构等上游高级服务企业展开合作，此时企业将基于战略点的渗透实现环节升级与产品升级，装备制造企业所在制造点位价值增值能力升高。若点位位于核心技术层上的点突破，将从两个方面实现点跨越：一个是企业核心技术与主产品技术同属一层级的成熟技术渗透点，将伴随核心层的技术跃迁衍生出新功能，形成以功能升级为主，产品升级与环节升级相伴随的 GVC 升级，另一个是点突破位于产业成长期，中间层点位更容易发展并获得突破成为主层级技术新的支撑，由产品质量升高，生产效率提高等引导下的工艺升级将使企业突破低端锁定，实现在 GVC 上的点跨越。由此提出如下假设：

假设 4 - 4：点位突破能力对企业核心点位跨越具有正向影响。其中，技术融合能力、技术扩散能力、技术进步以及技术创新能力均对企业核心点位跨越有正向影响，因此四个子假设表示为假设 4 - 4a、假设 4 - 4b、假设 4 - 4c、假设 4 - 4d。

点位识别与点位开发程度。企业核心点位的开发要求其必须能够与知识和资源掌握者进行迅速且有效的谈判，从而获得所需的技术。核心能力监测与核心点位选择的先进性与高效性，最大限度地挖掘了企业核心能力的竞争优势，使企业内、外部良好的交互关系再度被强化，从而信息更加对称，市场更加有效，有益于明确自身技术层级位置以及与主技术层级的差距与关系。技术扫描使企业选择开发有更大开发潜力的技术轨道。技术轨道升级空间引致资源互动也相对活跃，在企业服务资源整合能力加持下，资源更加集中并得到完全开发。点位开发的资金与资源基础伴随点位识别与技术评价得到解决，成本进一步降低，技术模仿与开发基于有效的点位检测与定位搜索也变得更加高效与容易。基于服务化的点位识别与点位选择充分考虑了市场需求、主导设计，更容易与代表先进技术的协同主体形成相类似的战略目标与价值主张，从而形成有利于点位开发的技术群集。因此，点位识别为核心点位开发提供了必要的工具与手段，使点位开发更具深度与广度。由此提出如下假设：

假设 4 - 5：点位识别对点位开发程度具有显著的正向影响。其中，内、外部服务监测和资源监测均对企业核心点位跨越有正向影响，因此三个子假设表示为假设 4 - 5a、假设 4 - 5b、假设 4 - 5c。

核心点位辐射与点位突破能力。点位的辐射范围，以及内外部的协同情况，都通过影响技术积累影响企业核心点位的突破能力。依据前文路径的构建可知，基于服务化的组织内、外部的点辐射将根据市场效应反复确认能力目标，并在此基础上与各组织、机构展开通力合作。此形式下，信息共享使资源通过交互与转移实现了优化配置。技术突破多源于差异化的资源交互，中间组织通过良好的社群资本提供了这一差异性与互补性，由此提出如下假设：

假设 4 - 6：组织协同对点位突破能力具有显著的正向影响。其中辐射范围、内部协同和外部协同均对企业核心点位突破能力有正向影响，因此三个子假设表示为假设 4 - 6a、假设 4 - 6b、假设 4 - 6c。

核心点位识别与核心点位辐射。基于核心点位辐射下的组织协同决定了技术的积累程度，但积累的方向与策略需要依靠点位识别创造的洞察力实现。无论是前文提到的主导设计方向，还是装备制造企业核心能力识别与市场需求分析，都决定了核心点辐射的范围以及程度。因此，试图推进点辐射或加强组织协同前，关键点识别或点选择的诱发作用就显得十分必要，由此提出如下假设：

假设 4 - 7：核心点位识别对点辐射具有显著的正向影响。其中内、外部服务监测、技术轨道监测、模式与点位选择均对企业核心点位突破能力有正向影响，因此三个子假设表示为假设 4 - 7a、假设 4 - 7b、假设 4 - 7c。

上述模型涉及的变量主要有：企业核心点位识别、核心点位辐射、核心能力开发程度、核心能力突破和业核心点位跨越。五个构念多维度的划分结果与对应的问卷题项情况如下。（1）企业核心点位跨越。与 H. 施迈斯（H. Schmitz）的研究结果一致，本研究从产品升级、工艺升级和功能升级三个方面来衡量企业 GVC 下的点位跨越。按照升级的程度，我们要求受访企业提供其与行业其他公司的对比位置，若在行业底部 20%，则选择 1，中间的 20%，则选择 3，若在行业顶部 20%，则选择 5。为减轻其他条件导致的结果偏差，我们用王岚等的方法对企业实施服务化前后的价值链地位指数、增值能力指数和价值链获利能力指数进行了测算，并将其与我们的衡量标准进行了比较，结果表明，我们的度量与企业 GVC 地位变化的客观度量显著正相关。（2）点位识别。依据前文对核心点位识别的构建分析，将其分为内部服务监测、外部服务监测和技术轨道监测三个维度，共涉及 5 个题项。（3）核心点位辐射。参考前文的路径构建内容，将其分为辐射范围、内部协同、外部协同三个维度，共涉及 6 个题项。（4）点位开发，依据前文构建与研究假设，设置技术层级位置、高新技术引进程度、市场技术开发阶段三个维度，我们要求受访企业比较技术层级位置、高新技术引进程度与核心技术的市场开发阶段，共涉及 3 个题项。为减轻其他条件导致的结果偏差，我们结合了行业集中度等分析与测算方法，并与我们的衡量标准进行了比较，结果表明，我们的度量与企业提供的客观度量显著正相关。（5）点位突破，分为技术融合、技术扩散、技术进步、技术创造能力四个部分，涉及 4 个题项。各维度划分详情如表 4 - 1 所示。

表 4 - 1　　　　　　　装备制造企业动态核心能力影响因素维度划分

变量	维度	题项
核心点位跨越	产品升级	Q1
	工艺升级	Q2
	功能升级	Q3

续表

变量	维度	题项
核心点位识别	内、外部服务监测	Q4
	技术轨道监测	Q5
	模式与轨道选择	Q6、Q7、Q8
核心点位辐射	辐射范围	Q9、Q10
	内部组织协同	Q11、Q12
	组织间协同	Q13、Q14
点位开发程度	技术层级位置	Q15
	高新技术引进程度	Q16
	市场技术开发阶段	Q17
点位突破能力	技术融合能力	Q18
	技术扩散能力	Q19
	技术进步能力	Q20
	技术创造能力	Q21

2. 量表设计与数据收集

在本研究的背景下，调查可以捕捉到企业点位跨越和服务化的细微关系，而任何从次要来源获得的客观数据测量模型结构都可能会引入测量误差，因此，本研究采用调查问卷的方式直接获得一手数据。基于信度与效度的考量，充分参考已有的国内外经典文献，并针对前文的路径构建内容进行适当补充与调整，形成了本书的问卷。受访企业需要对问卷中问题陈述的程度进行评级（评级分为 5 个级别）。本调研前期尽量采取现场与电话访谈方式进行，并对问卷中双方理解有偏差或者描述不清的语句进行了修饰，最终以邮件、现场、小程序收集等多种形式发放问卷 239 组，回收 189 组，其中有效问卷 163 组，有效回收率为 68.2%，最终依据回访结果形成的调研企业行业分布如表 4-1 所示，企业规模如表 4-2 所示。

表 4-2 　　　　　　　　　　样本基本特征分布统计 （N=163）

统计特征		累计比例（%）
所属行业分类	电气机械器材制造业	16.3
	通用设备制造业	14.8

统计特征		累计比例（%）
所属行业分类	铁路、船舶、航空航天设备制造业	15.6
	汽车制造业	11.6
	仪器仪表制造业	9.6
	专用设备制造业	10.1
	计算机、通信制造业	9.7
	金属制品业	10.3
	其他	2
企业员工规模 （员工数，单位：人）	1~200	20.49
	201~400	26.39
	401~600	21.04
	601~800	14.10
	801~1000	12.26
	>1000	5.72

3. 问卷信度与效度检验

首先对测量模型的收敛效度进行验证性因子分析，并得到验证性因子分析拟合指标（如表4-3所示）。由表中数据可知，验证性因子分析模型拟合指标均达到标准，其中，CMIN/DF = 3.819，小于5，CFI = 0.927，大于0.9，RMSEA = 0.080，小于0.1，GFI = 0.833，大于0.8，AGFI = 0.842，接近0.8，RMR = 0.060，接近0.05，模型拟合良好。其次，由表4-4可知，指标各维度的组合信度（CR）均大于0.7，平均方差萃取量（AVE）值均大于0.5，符合结构方程模型的一般标准，模型敛效度良好。再次，求模型的区分效度，即构面区分问题。由表4-5可知，斜对角线上的值（AVE的根号值）均大于各维度的相关系数，本问卷区分效度良好。并且，通过 KMO 和巴特利特检验，在未经旋转的情况下共抽取出5个特征根大于1的因子，且最大的因子解释的载荷平方和为38.961%，小于40%，意味着不存在严重的共同方法偏差。

表4-3　　　　　　　　　　　　验证性因子分析拟合指标

CMIN	DF	CMIN/DF	CFI	GFI	AGFI	RMSEA	SRMR
656.805	172	3.819	0.927	0.882	0.842	0.080	0.060

资料来源：AMOS 软件统计输出。

表4-4　　　　　　　　　　　　组合信度和平均方差萃取量

项目	问卷题目号	标准化因子载荷	AVE	CR
点位跨越	Q1	0.934	0.801	0.923
	Q2	0.904		
	Q3	0.845		
点位识别	Q4	0.780	0.652	0.903
	Q5	0.860		
	Q6	0.915		
	Q7	0.756		
	Q8	0.710		
点位辐射	Q9	0.854	0.511	0.861
	Q10	0.631		
	Q11	0.646		
	Q12	0.805		
	Q13	0.644		
	Q14	0.676		
点位开发	Q15	0.875	0.731	0.891
	Q16	0.853		
	Q17	0.837		
点位突破	Q18	0.535	0.501	0.794
	Q19	0.583		
	Q20	0.885		
	Q21	0.772		

资料来源：AMOS 软件统计输出。

表4-5　　　　　　　　　　　　区分效度

项目	点位跨越	点位识别	点位辐射	点位开发	点位突破
点位跨越	0.895				
点位识别	0.509 **	0.808			

项目	点位跨越	点位识别	点位辐射	点位开发	点位突破
点位辐射	0.499 **	0.482 **	0.715		
点位开发	0.433 **	0.281 **	0.332 **	0.855	
点位突破	0.493 **	0.499 **	0.423 **	0.266 **	0.708

注：* 表示 p < 0.05，** 表示 p < 0.01，*** 表示 p < 0.001。
资料来源：AMOS 软件统计输出。

本书采用 Cronbach 创建的 α 系数通过 SPSS 软件对样本进行模型整体配适度分析，统计结果见表 4 - 6。如表中数据所示，点位跨越、点位识别、点位辐射、点位开发及点位突破五个潜在变量的 α 系数均超过 0.70 这一临界值，量表中所有潜变量修正后的项与总计相关性均大于 0.40，并且对项目采取逐一删除行为后，并不会引起系数 α 的显著变化。因此，所有题项都通过信度检验，并均被保留。除此之外，我们将上述 5 个潜变量全部汇总并整合到结构方程模型，并运用 Amos24.0 软件对模型进行分析，得到 AMOS 报表输出结果，如表 4 - 7 所示。其中，卡方自由度比等于 2.14，位于 1 和 3 之间；RMSEA 值等于 0.026，显著小于 0.08；NFI、RFI、IFI 的取值均大于 0.9，且标准化因素载荷达到 5% 显著性水平。因此，由结果可见，结构方程模型的各项适配度指标均达标，理论模型与样本数据基本匹配，模型拟合效果良好。

表 4 - 6　　　　　　　　　　信度与效度分析

变量及题项		均值	标准差	因子载荷	Cronbach's α	修正后的项与总计相关性	删除项后的克隆巴赫 Alpha
点位跨越	Q1	3.26	1.17	0.948	0.929	0.879	0.879
	Q2			0.942		0.865	0.889
	Q3			0.919		0.822	0.923
点位识别	Q4	3.23	1.08	0.836	0.906	0.741	0.890
	Q5			0.903		0.833	0.870
	Q6			0.921		0.862	0.864
	Q7			0.805		0.700	0.899
	Q8			0.795		0.688	0.901

续表

变量及题项		均值	标准差	因子载荷	Cronbach's α	修正后的项与总计相关性	删除项后的克隆巴赫 Alpha
点位辐射	Q9	3.08	1.18	0.814	0.873	0.716	0.844
	Q10			0.778		0.668	0.852
	Q11			0.780		0.672	0.851
	Q12			0.776		0.663	0.853
	Q13			0.774		0.666	0.852
	Q14			0.769		0.658	0.854
点位开发程度	Q15	2.92	1.16	0.911	0.891	0.795	0.837
	Q16			0.908		0.790	0.841
	Q17			0.899		0.773	0.855
点位突破	Q18	3.40	1.20	0.692	0.722	0.481	0.678
	Q19			0.711		0.495	0.673
	Q20			0.812		0.590	0.616
	Q21			0.743		0.485	0.676

资料来源：SPSS 软件统计输出。

表 4 – 7 结构方程整体模型检验

X2	df	p	RMSEA	NFI	CFI	IFI
388.752	182	0.058	0.026	0.978	0.958	0.969

资料来源：AMOS 软件统计输出。

在信度与效度满足要求的基础上，本书采用 Amos24.0 软件通过结构方程模型对前文理论模型提出的 7 条假设进行逐一验证，分析结果汇总如表 4 – 8 所示。由表可知，点位识别可以显著地正向影响核心点位开发程度（β = 0.309，p < 0.001）；点位识别可以显著地正向影响核心点位辐射（β = 0.571，p < 0.001）；点位识别可以显著地正向影响点位跨越（β = 0.162，p < 0.01）；核心点位辐射可以显著地正向影响点位跨越（β = 0.286，p < 0.001）；核心点位辐射亦可以显著地正向影响点位突破（β = 0.529，p < 0.001）；核心点位开发程度可以显著地正向影响点位跨越（β = 0.248，p < 0.001）；点位突破可以显著地正向影响点位跨越（β = 0.304，p < 0.001）。

表 4 - 8　　　　　　　　　　　潜变量路径系数结果汇总

路径	Estimate	S. E.	C. R.	P
点位识别→点位开发程度	0.309	0.073	5.881	<0.001
点位识别→点位辐射	0.571	0.071	9.311	<0.001
点位识别→点位跨越	0.162	0.074	3.066	<0.01
点位开发程度→点位跨越	0.248	0.044	5.724	<0.001
点位辐射→点位跨越	0.286	0.075	4.632	<0.001
点位辐射→点位突破	0.529	0.067	9.346	<0.001
点位突破→点位跨越	0.304	0.057	5.409	<0.001

资料来源：AMOS 软件统计输出。

4.3.3　运行的实证结果分析与策略

1. 假设检验与路径结果分析

按照中介效应分析程序，参照 A. F. 海斯（Hayes A F, 2013）提出的多步中介变量的检验方法，进行 Bootstrap 中介变量检验，样本量选择 2000，设置 95% 置信区间。各路径得到间接效应检验结果汇总如表 4 - 9 所示。表中所列的结果表明："点位识别→点位开发程度→点位跨越"的中介路径显著（0.044，0.129），作用大小为 0.077，意味着点位开发在点位识别与点位跨越中起着部分中介作用。"点位识别→点位辐射→点位跨越"的中介路径显著（0.077，0.271），作用大小为 0.163，意味着点位组织协同在点位识别与点位跨越中起着部分中介作用。"点位识别→核心点位辐射→点位突破→点位跨越"的中介路径显著（0.055，0.140），作用大小为 0.092，意味着核心点位辐射和突破在点位识别与点位跨越中起着链式中介作用。

表 4 - 9　　　　　　　　　　间接效应检验结果汇总

路径	Effect	BootSE	BootLLCI	BootULCI
点位识别→点位开发→点位跨越	0.077	0.021	0.044	0.129
点位识别→点位辐射→点位跨越	0.163	0.049	0.077	0.271
点位识别→点位辐射→ 点位突破→点位跨越	0.092	0.022	0.055	0.140

资料来源：AMOS 软件统计输出。

影响企业点位跨越因素的结构方程模型路径如图 4 - 6 所示，从图中数据可知，点位开发程度与点位突破对企业核心点位跨越仅有直接影响。点位识别与点位辐射不仅对企业的核心点位跨越产生直接影响，同时也产生了间接影响。由这一结论可知，对孤立的关键因素的分析容易忽略因素间的关系，从而忽略存在的间接影响。

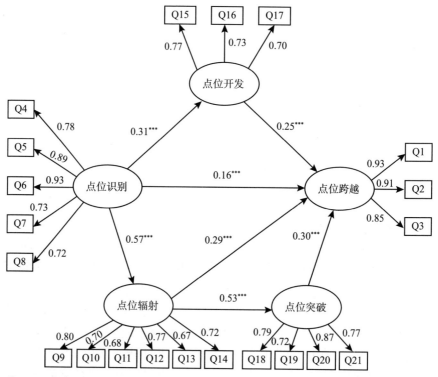

注：*** 表示 p < 0.001。

图 4 - 6   装备制造企业动态核心能力影响因素的结构方程模型及路径

资料来源：AMOS 软件统计输出。

各条路径的影响汇总效应结果如表 4 - 10 所示。点位识别对企业核心点位跨越的直接影响结果为 0.162，其较其他关键因素而言处于较低水平，但由于多间接影响路径的存在，其影响程度上升到 0.39，此结果说明点位识别对企业核心点位跨越结果的影响主要是通过间接影响的方式。核心点位辐射也存在间接影响，其总影响效应为 0.44。由此得到的对企业核心点位跨越影响程度的排名为点位辐射＞点位识别＞点位突破＞点位开发程度。这一结论印证了前文的路径构建中基于服务化的点位识别与点位组织协同在企业实现 GVC 点位跨越中的重要作用。

表 4 - 10　　　　　　　　　　　各条路径影响效应汇总

路径	直接效应	间接效应	总效应
点位识别→点位跨越	0.162	—	0.162
点位识别→点位开发→点位跨越	—	0.077	0.077
点位识别→点位辐射→点位跨越	—	0.163	0.163
点位识别→点位辐射→点位突破→点位跨越	—	0.092	0.092

资料来源：AMOS 软件统计输出。

2. 路径运行策略

通过对企业核心点位跨越型 GVC 升级路径关键因素与关键因素间关系的结构方程模型分析，可以得到以下结论及路径运行策略。

（1）装备制造企业基于服务化的核心点位识别，即通过内外部服务监测、技术轨道监测等服务化手段进行的备选集分类和点位选择是装备制造企业通过核心点位跨越实现 GVC 升级的关键因素。点位识别之所以重要，是因为装备制造企业核心点位跨越需要借助技术机会或者后发优势，核心点位跨越的位置决定了装备企业在 GVC 上实现升级的机会类型和优势特征。基于服务化的核心点位跨越型升级路径的创新理解必须基于市场机会、公司现有知识库与公司能力之间的关系，同时，还须充分考虑外部服务的知识和技能的获取渠道，并通过面向服务的措施强化对外部知识的跟踪、监测、转化与吸收。点位识别可对企业核心技术类别进行划分，顺轨式的点位跨越需要基于技术轨道监测侧重解决技术适用性问题，越轨型点位跨越的重点则在于技术窗口机会的识别。因此，内、外部服务监测尤为重要。因此，不确定的环境以及快速变革的技术，都使点位识别成为选择核心点位跨越型 GVC 升级路径企业的一项常规服务活动，也是企业在选择和获取点位跨越资源与技术前重要的先行工作。

（2）装备制造企业基于服务化的核心点位辐射的能力空间范围，内、外部组织协同也是影响企业 GVC 点位跨越的关键因素，并主要通过影响企业点位突破能力影响升级结果。点位辐射需要基于服务化建立控制与协作兼备的组织系统，市场回报与技术革新相互促进，形成的市场效应可通过有效改变市场结构与提高市场集中度对上述动力系统产生正反馈作用。由此，非线性、非常规和大跨度的发展受到单个公司或单个技术领域的有效刺激和推动。此外，企业核心技术扩散、市场示范、技术关联、经济关联和产业关联逐步辐射、引导相关领域或行业分批进入，整个产业非常规地快速辐射并扩散。这种微观不均衡的累进形成的核心点位突破又将广泛激发新的不均衡，从而形成以装备制造企业为核心的技术群体结构下的 GVC 核心点位跨越。

（3）企业需要在点位服务监测与技术扫描的基础上进行跨越点位的选择，点位位置的差别决定了企业对自主性点位跨越和引进式点位跨越的差异化选择。如果企业在点位识别阶段发现企业内部存在高层次的隐性知识资源，包括市场感知，技术创新思路等，企业可利用技术轨道转变的机遇，组织一切内、外部资源实现自主式的核心点位跨越。若点位识别阶段发现外部资源可明显弥补企业空白，则选择引进吸收方式与企业已有资源进行匹配，并利用后发优势进行核心点位跨越。

（4）装备制造企业通过企业联盟、虚拟组织等方式实现知识共享，依靠知识库实现合作性技术跨越。知识交流的基础是存在差异化的知识元与知识位势。科研院所、高级生产性服务企业、高校等提供了充分的知识能量位势。点位辐射一方面需要注意防止知识交流过程中对创新资产的独占，另一方面又要尽量延长知识资产领先的时间，这也是知识交流的前提条件。如何更好地获取和利用内外部知识，体现了知识的市场价值，是知识利用和交流的中心主题。点辐射之间的稳定关系是通过核心点位的一致性来实现的，即企业知识基础组成的一致性和知识基础与更广泛企业环境的一致性，这是点位跨越的基本环境。

4.4 本 章 小 结

本书分别从路径基础分析、构建与运行三个方面对核心点位跨越式升级路径进行了剖析。一是从路径的内涵、特征和升级构建思路三方面进行了详细的路径分析。二是从核心点位识别、核心点位辐射和技术群体结构下的 GVC 跨越式升级三个方面构建了核心点位跨越式升级路径。三是依据路径运行的要素关系框架特征，构建了核心点位跨越型 GVC 升级路径影响因素关系的结构方程模型，通过模型结论与分析，最终揭示了核心点位跨越型 GVC 升级路径的运行策略。

第5章　基于服务化的装备制造企业价值环节延伸型 GVC 升级路径

基于前文分析，当要素结构处于低服务资源整合能力和高企业组织协同能力时，装备制造企业应遵循价值环节延伸型 GVC 升级路径。本章从路径内涵及构建思路、路径构建内容、路径运行三方面对此路径进行具体分析与设计。

5.1　价值环节延伸型 GVC 升级路径的内涵及构建思路

本书依据前文的要素结构对价值环节延伸型 GVC 升级路径的内涵进行界定，并分析路径特征，在内涵与特征基础上，设计路径的构建思路。

5.1.1　价值环节延伸型 GVC 升级路径的内涵

当装备制造企业要素呈现低服务资源整合能力和高企业组织协同能力时，一方面，低服务资源整合能力使企业难以在 GVC 上调度并整合与企业资源适配的组织外资源，尤其是调用优质、高级资源的能力欠佳；另一方面，企业可充分借助组织协同能力优势，通过模块化链接企业各环节以及流程，互通的企业环节与流程使企业能力范围延伸并得到扩张，形成全面联动的模块关系。因此，L－H 型装备制造企业的 GVC 升级，是充分利用企业自身组织协同能力，进行企业价值环节与流程间的深度拆解，依据企业各细分单元要素属性与特征，基于系统性能的产品设计目标，完成产品、功能、服务等差异化组织管理模块间匹配，制定企业全链条管理战略的过程。这一过程，形成的半自律性、链接松散、分工精细的"簇群状"模块，将串联企业潜在的价值增值环节，实现企业在 GVC 上的价值环节延展。

5.1.2 价值环节延伸型 GVC 升级路径的特征

本书从企业链条的双重架构特征、要素联动下的螺旋式升级过程与价值环节延伸下的 GVC 升级方式三个方面分别分析价值环节延伸型 GVC 升级路径的特征。

1. 企业链条的双重架构特征显著

GVC 背景下，部件体系庞大、生产流程复杂的装备制造企业的供应链分工特征更为典型，供应链与纵向 GVC 链很难割裂开来考虑。大型的机器制造，其价值链都存在明显的双重结构。双重结构指企业价值链受纵向 GVC 和横向供应链的共同影响，当装备制造企业组织协同能力较强时，其显现出的双重架构特征就越明显，且二者影响作用相当。在纵向分工与角色分配下，一般会形成研发、设计、生产、制造、组装、营销、租赁、维修维护、金融等与产品架构相关的价值环节区块。在横向分工与角色分配下，则会形成类似于一般零部件、系统主要零部件、发动机、整机和关键设备等与功能架构相关的价值环节区块。

2. 要素联动下的螺旋式升级过程

企业借助组织协同优势，增强各价值环节间的链接与交互，因此模块间要素联动特征显著。细粒化的模块拆解会同时发生在横纵链条上，水平链条方向将承接更多的价值模块分工，嵌入广度被拓宽、垂直链条方向涉及更多专业化能力，嵌入深度发生延展。双向拆解下模块的差异化与跨产业特征明显，因此具备"超模块"特点，超模块的全面联动与整合产生的迭代效应将使企业衍生出多维度的价值创造能力，并彼此嵌套、补充，从而企业升级可以发生在横纵两个维度上，当某一维度的升级受阻或不具优势时，可通过另一维度的有利因素寻找突破口，并依靠一个维度的提升回补另一维度，这样可以做出比维持原有定位更占优势的战略选择。因此，企业 GVC 升级过程是发生于多区段、分维度下的螺旋式价值提升过程。

3. 价值环节延伸下的 GVC 升级

组织协同优势下，横纵双维度的模块深度拆解会催生模块间相互补充、又相互独立的交互关系。这一方式使服务化策略对产品的增强具有很强的补充与辅助作用，产品与服务要素间呈现较强的互补性。与增值点拓展的初级路径不同，此路径下，企业服务化更加深入，模块化的拆分与集成可解决标准化和定制化两者之间的权衡问题，即使企业同时实现成本的降低和生产制造的规模化，产品的深度与广度均在服务化作用下得以增强。这意味着升级过程产生的上下游移动不是单纯的放弃中端制造，盲目地转移到高价值获取位置，而是依据产品增强的需要引致上下游延伸或者扩展。

5.1.3　价值环节延伸型 GVC 升级路径的构建思路

本书依据升级路径的内涵与特征，设计了价值环节延伸型 GVC 升级路径的构建思路，如图 5-1 所示。装备制造企业的组织协同能力优势使企业更易通过商业模式变革实现 GVC 升级。基于前文分析可知，具备组织协同能力优势的装备制造企业价值链条存在多重维度，复杂企业链条的分工特征十分显著。企业链条模块化的分工与拆解是各模块全面联动的重要基础。差异化、多层次的企业模块，以标准化的界面设计多点嵌入 GVC。模块基于企业的服务化目标重新集成并整合，面向产品设计的系统性能得到提高，企业完成 GVC 的深度嵌入。组织全面联动下，企业充分利用了已有资源与能力，此时最为关键且难以解决的升级断层析出，随着模块内部和模块间界面知识的不断积累，企业形成了子链优势模块包围突破主链核心关键模块的升级态势，离散的价值

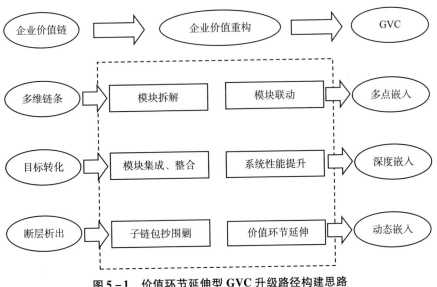

图 5-1　价值环节延伸型 GVC 升级路径构建思路

增值点被串联，此时装备制造企业内部的动态能力发生根本性变迁，并以原价值嵌入环节为中心完成在 GVC 上的延展，在持续多点、深度嵌入过程中企业通过积累关系资本，提高了各利益相关主体间的信任，知识共享与转移增加，资源交换机会增多，企业可在全球范围寻找资源的最优配置，故使原本不占优势的服务资源整合能力也得到改善，此时企业具备了 GVC 的动态嵌入能力。

5.2　价值环节延伸型 GVC 升级路径构建

依据价值环节延伸型 GVC 升级路径的内涵与构建思路分析，本书从双重架构下的模块分工、面向系统性能的模块联动以及全面联动下的延伸型 GVC 升级三阶段构建了企业价值环节延伸型 GVC 升级路径。

5.2.1　双重架构下的模块分工

功能分工与产品分工通过拓宽装备制造企业 GVC 嵌入的深度与广度，影响企业升级方向与进程。因此企业需要构建基于产品与功能分工的双重架构，将企业价值环节与流程进行横纵双向拆解，并按照复合维度下的产品设计目标进行集成。

1. 横纵链条的价值拆解

GVC 视角下，企业链条分解具备以功能为基础的纵向分解和以供应链条为基础的横向分解的双重维度。在纵向分工与角色分配下，将形成研发、设计、生产、制造、组装、营销、租赁、维修维护、金融等产品架构相关环节。在横向供应链条分解下，复杂产品和产品部件完成横向分工下的角色分配，并形成诸如一般零部件、系统主要零部件、发动机、整机和关键设备等功能架构相关环节。以往的研究中全球价值链偏重功能链条的视角，而在 GVC 的国际分工中，装备制造企业的供应链与纵向 GVC 链很难割裂开来考虑，因此，大型机器制造价值链都存在明显的双重结构，如图 5-2 所示。

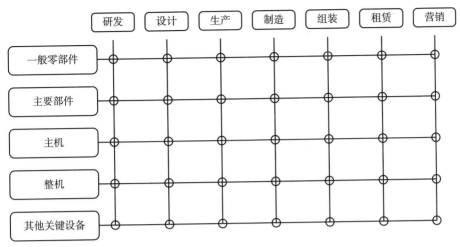

图 5 - 2　双维视角下的价值链拆解

2. 产品设计目标转化

复合维度下的模块拆解使企业形成了细粒化的产品模块与功能模块，模块的集成与整合是企业价值增值与创新的来源，产品的设计目标即模块集成与整合的依据。产品设计需要能够体现产品功能，产品的功能来源于产品结构，同时也受到客户使用周期与应用情境的动态性与差异性影响。由于装备制造企业产品的供应链与价值链之间存在上述耦合关系，企业实现深度转型升级需同时考虑横纵两个维度，传统产品设计往往对功能特征表征不足，导致企业 GVC 下升级困难，尤其是功能升级与产品升级。因此，双重架构下的企业升级需重点解决两个方面的问题。（1）能力难以全面表征的问题。产品设计涵盖面较窄，往往只能回答是否具备完成任务的能力，但无法对能力实现过程与方式进行全面描述，因而能力不足的环节难以改进、核心能力中的重要知识难以外溢，导致能力维持与突破困难。（2）无法回应顾客的价值感知问题。基于双重维度的价值流程及环节拆解，使功能依据产品结构进一步得到拆分，但无法表达功能在使用方面的特征，即未能体现功能在客户使用周期与应用情境的动态性与差异性特征。如客户对功能体验与感知的变化与差异性，以及同一种功能处于不同产品、工序和子价值链中的重要程度的差异性。因此双维分割下的模块集成还需要能够反映客户需求的具象化设计目标，以实现顾客价值的有效传递。

因为模块集成的关键价值来源于对客户需求的全方位掌握，这种需求的把握包括客户究竟要的是产品中具备的什么功能，以及如何帮助客户全方位解决其需求，需求的差异化是最主要的特征。服务的非物理性特征，使其成为企业满足客户多样性需求的必然且有效的方式，同时通过理解服务化过程的生产制造，也将形成功能的关键能力描述得更具体与全面。服务过程的理解通过产品功能模块与服务模块的共生实现，这为服务设计师理解服务产品与服务过程提供了可行的方法与渠道，服务模块化在保证定制化的同时也通过规模经济缩减了生产成本。

5.2.2　面向系统性能的模块联动

在基于横纵双重维度与面向系统性能的产品设计目标的共同作用下，企业形成了具有共生关系的产品功能模块和服务模块。服务的连通性提高了产品与功能架构的开放程度，同时也提高了模块集成与整合的有效性与多样性。

1. 产品功能模块化

产品功能模块化是指基于横纵双链的细粒化拆解单元。模块被拆解得越为细碎就越能迭代出多样化与创新性的产品与服务，降低了可替换标准化产品部件之间的关联度，即降耦。组织协同能力较强的企业具有多样且灵活的企业结构，更易形成细粒化的模块单元。装备制造产品复杂且种类繁多，当企业在功能架构与产品架构上同处于分割态时，两个维度下不同属性的模块间产生交互，功能模块进入产品部件中，并出现在每一条由产品部件组合而成的子价值链上。当产品功能打通了零部件和工序间的界面后，将更容易实现详尽的产品设计。因此，产品功能的模块化是一种设计策略，它消除了产品组件之间的过度依赖，并允许模块作为非破坏性的集成单元进行传输。这意味着不同模块的组件可以无损替换，不用重复设计。产品功能模块化同时还具有互补性与可移植性的模块化基本特征，互补性是指产品功能组件在子系统中的独特功能被系统中其他组件所依赖；可移植性是指产品组件可以在不同产品系统之间转移和重复使用的程度。在多个链条中，产品功能模块可以利用互联的标准组件，配置客户所需的个性化产品。这使他们能够动态匹配复合模块的组件，以根据其独特的属性来改变各种产品或组件的组合。

2. 服务模块化

服务模块化是产品设计策略的另一个重要部分，他使得产品功能模块以更符合需求市场价值的方式组合起来，组合原则因更贴近特定客户需求偏好，更能提高最终产品和服务的价值。

装备制造企业的服务模块化包括服务产品模块化与服务过程模块化。服务产品模块化设计始于将独特的功能打包成一个服务包，以满足特定需求，并与硬件、软件和混合技术进行结合，通过重用这些模块可以不断为用户提供满意的产品和服务。服务设计的主要特征是产品服务的本质、服务的异质性以及人在个性化和定制化中的影响。服务过程模块化基于产品与服务模块。按照不同客户需求的定制化信息，首先将产品模块、服务模块解析为相关的产品、服务元素，其次将不同的产品属性和服务元素依据客户个性化需求展开匹配工作，最后进行组合。集成化产品服务方案旨在基于生产标准化部件，在模块化生产过程中建立标准匹配规则和替代规则，最后实现产品配置。在过程模块化的成功实施中，计算机行业有重要的领头作用。过程模块化起初将生产流程解析为规范的标准化、定制化子过程，同时将标准化流程编排于定制化流程时序前面，这样有利于实现敏捷制造，增强生产流程的灵活性。过程模块化的核心是产品装配中心可以迅速响应客户需求的变化，及时调整模块化组装方案，并按时提供给客户。此外，各个工作站和工序在流水线上可以灵活地分配到模块化组装中，以满足各种模块化过程的生产能力要求，并保持生产负荷的均衡。因此，过程模块化要求对客户所需的产品进行更精准的定位，通过专门的信息系统和标准合同，有效地组织与调控企业各方面的制造资源，产品模块化与过程模块化达成紧密联系，保证满足客户个性化的产品要求。

服务模块化设计主要涉及以下三个方面。第一，服务模块的开发将使服务开发人员更好地了解现有服务流程，因此，明确服务操作，并通过服务管理器基于熟练掌握的服务资源、服务流程以及受限知识别出可能产生冲突的关键模块化接口是模块化界面设计的关键；服务组件向服务模块转化时，确定与客户无须进行特定交互的标准化服务模块因为可用来响应大部分的客户要求，因此是服务模块化界面设计的核心任务。第二，在完全标准化的服务模块组件形成后，特定的客户需求区域和存在欠缺的服务功能被识别，为了适应特定客户的需求，需要调整标准化程度较低的服务模块，而这些模块也是增值服务的重要组成部分，需要企业的特别关注。第三，是在单一、特定模块中完成优化的问题，例如最小限度地调整模块以达到差异化的需求条件或者实现局部模块的自由调度。

在服务模块化划分标准方面，一些制造公司在开发过程中为客户提供了一些服务，但它们并不是模块化的，所以创建服务模块有必要基于已有的服务组件以及公司可以添加的组件来展开。DSM 被广泛用于复杂系统的建模、映射、关系构建和交互问题，并主要依据现有和计划的服务流程建立服务模块。首先是依照服务信息传输方向将模块组件进行分类，基本类别有独立组件、单向依赖组件和双向交互组件。之后相应构建矩阵并完成矩阵分割。最后，依据尽可能集群化服务组件规则形成新的矩阵。

3. 模块联动与集成

服务模块和产品模块具有共生关系，他们之间的相互配合与塑造基于系统性能单元。"性能"最早被提出是在产品设计中，冯毅雄和洪兆溪等（2021）认为解决方案取决于产品结构、功能和环境，不确定程度。可以看出，性能优于功能，因其还倾向于描述基于功能的预期结果。以性能为导向的共生关系主要有三种形式：（1）产品模块满足系统性能，服务模块作为辅助的融合模块单元；（2）产品与服务共生模块共同满足系统性能需求；（3）产品与服务共生模块只能部分满足系统性能，但可以析出能力差距的融合模块单元。

在辅助型模块联动与集成模式下，产品功能模块已经可以满足基本系统性能，服务模块作为辅助模块与产品功能模块产生联动，此种情形下的模块联动形成了辅助型模块化集成单元。由于产品模块能够满足系统性能单元，此时根据客户满意度确定目前产品与预期性能之间的距离，来评价提供的产品与服务是必需的、递增的、无差异的，还是吸引人的。必须达到的质量是与客户建立交换的最低要求，用户满意度与所提供的质量成正比，具有一维特征。有吸引力的产品与服务提供则不同，虽然其缺失并不会导致交换终止，但由这些功能激发的用户兴趣价值是不可估量的。无差异则意味着即使产品与服务质量在提升，客户也不会更热衷于与企业交换。服务模块在集成模块中的主要作用是识别核心产品功能模块的以上特性，简化结构模块，降低成本，如图 5 - 3 所示。

在互补型模块联动与集成模式中，产品模块和服务模块联动满足系统性能时，共生的联动关系形成了互补型模块化集成单元。这是最为理想的联动形式，产品、功能模块与服务模块的相关度最高，能够相互补充、促进。系统性能会在两类模块的共生关系中得到螺旋式上升，并最终可满足系统性能的需求，系统性能将在共生关系下得到升级。此时由功能和行为构成的系统性在产品功能模块的核心能力与服务模块的共生关系下逐渐实现，如图 5 - 4 所示。

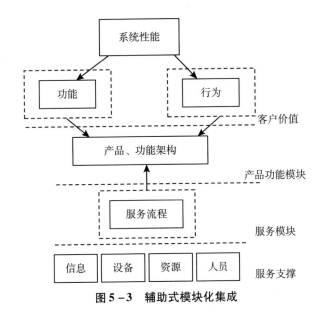

图 5 - 3　辅助式模块化集成

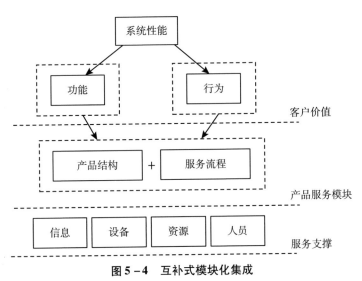

图 5 - 4　互补式模块化集成

在缺口析出型模块联动与集成模式中，产品模块和服务模块联动无法满足系统性能单元，联动关系形成了缺口析出型模块化集成单元。缺口的析出使企业从被动接受 GVC 链主企业分配的价值分工转向主动挖掘价值链断层，凭借组织协同能力优势和多层次、多类别的模块经验，把握模块联动过程中形成的动态整合机遇，积极协调各价值环节，通过发挥各模块内要素职能，降低成

本、提高质量、扩展功能，改善利润空间、积累企业实力，并最终通过开拓
GVC 的多元策略实现升级。通过这种模块化集成，公司改进了产品结构模块，
同时确保之前满足的系统性能不会降低。功能产品模块的改良可以借助服务模
块与其的相关性排序，优先改良相关性较大的产品功能模块。此类型的模块化
集成是产品新机会的发掘过程，是企业创新与拓宽价值获取渠道与方式的关
键。此种类型的模块化集成，无法直接满足系统性能，但产品服务融合模块
将使性能缺口析出形成缺口单元，并通过接下来针对缺口单元的服务优化，
最终形成可以满足缺口的新服务组件，满足系统性能的同时，实现单元创
新，如图 5 – 5 所示。

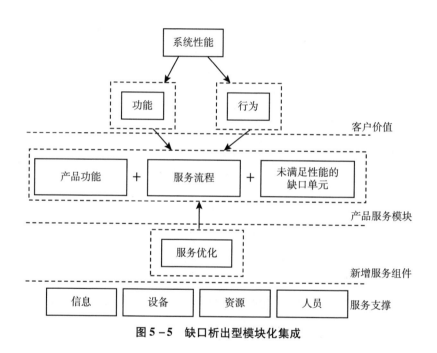

图 5 – 5　缺口析出型模块化集成

　　除了以上三种模块集成类型，三类模块还可以继续集成，并在多层次的共
生关系中延伸与扩展企业在主价值链上的核心价值环节，如图 5 – 6 所示。一
类辅助模块集成后会进入上一层次子链协助完成互补性模块的联动与集成，并
最终在循环、迂回的联动与集成路径下到达主链核心价值环节，这种多链多点
的嵌入过程亦是一个搜索价值链断层的过程。高度分工的 GVC 链主企业会将
非核心价值环节进行外包，装备制造企业可借助这些价值环节作为未来价值扩
展与知识、经验积累的空间。企业在每一次模块集成与价值链嵌入的过程中都
将提高能力并形成新的产品架构，图 5 – 6 中阴影部分随着模块集成逐渐扩散，

直到集成模块整合到主价值链，打通上中下游整体价值环节。最后得以凭借系统性的多元能力降低对原链主的依赖。关键价值环节模块突破后，又会进一步促进企业产品架构规则的完善。因此价值链断层的突破与创新，将形成一个不断推进、持续耦合互动和循环往复的价值链升级过程。

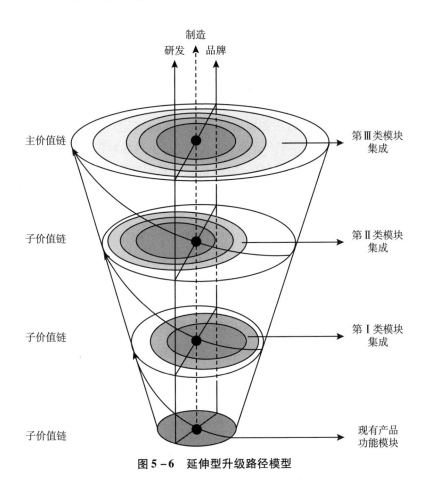

图 5-6　延伸型升级路径模型

5.2.3　全面联动下的延伸式 GVC 升级

价值环节延伸路径下，企业可通过系统性多点嵌入策略、高端集群移植嵌入策略、动态双重嵌入策略实现企业在 GVC 上的位置重构。

1. 服务化对产品的增强

基于服务化的价值环节延伸型 GVC 升级路径下，装备制造企业不再局限于自身在价值链条的位置上是中游、上游或下游，而是依据自身生产制造特点、服务对产品的增强位置，展开全链条的整合，包括拆解、集成、配置等过程，结果可能是延伸到产品的设计，也可能通过制造区段直接扩展到营运区段，这都取决于企业在产品增强过程中的迫切需求，因此，服务化的方式与策略对产品的增强具有很强的补充与辅助作用，选择产品与服务要素间存在较强互补性的服务策略。

产品增强带动下的装备制造企业 GVC 升级，躯体制造区段需要能够制约整条价值链，才不会被居于上下游的企业挤出链条体系，这意味着此类升级路径下的企业通常来源于高新技术产业的生产制造主导的大型装备制造产业，其"躯体"部位结构复杂，这也侧面解释了其组织协同能力可能较强的原因。服务化整合下企业产品增强方式有两种：（1）基于终端客户的复合型需求，以功能为整合目标，得到质量可靠、性能优良的产品，以赢得市场；（2）将企业高端服务能力或资源整合进生产制造流程，通过创意制造、尖端设计跑赢竞争对手。这两方面都体现了服务化对产品增强的重要作用。装备制造企业依据其联动与耦合优势拆解双重架构下的环节单元，模块化是拆解的典型方式，模块化还将通过产品的专业化和规模化经营，提升生产制造区段在 GVC 上的影响力，同时，模块化还使企业的能力范围突破低端加工、制造环节，并紧紧围绕终端制造进入中高端开发设计和物流等综合服务环节，因此，价值环节延伸升级路径下企业选择整合的服务要素需要与产品要素有更高的相关性，以促成更为明显的融合作用。

2. 系统性多点嵌入策略

寻找与产品结构相关的主价值链以外的子价值链，通过整合可嵌入的子价值链占据更多可嵌入模块，即在 GVC 上，从单点向多点嵌入策略转变。在此情形下，装备制造企业在主价值链上形成了对核心模块的"包抄"结构，并通过子链的进一步"围剿"，盘旋、迂回地实现了企业在主链上的攀升。对处于国际分工底层的大部分发展中国家来说，其嵌入全球价值链的主要方式是参与产品的加工制造。传统上认为，为了从 GVC 中获得更多附加值，加工制造环节必须延伸到微笑曲线的两端，但对受制于 GVC 领导企业且本土制造能力不足的企业而言，这一途径下的企业升级很难实现。在这种情况下，从单点嵌入式切换到多点嵌入式是另一种相对可行的策略。换句话说，如果本地企业在直接升级主要价值链中的某些功能时面临重大障碍，通过寻找并嵌入与产品架构相关的子价值链以包容更多模块，形成主链高端模块的"侧翼迁回"结构,是企业实现 GVC 升级的可行策略,即多点系统式嵌入 GVC 升级策略 (如图 5 - 7 所示)。椭圆形代表在企业的主价值链所在的 GVC 上,占据上游位置的链主企业,长方体组合代表装备制造企业主要开发与进行的价值环节,单一长方形代表其他价值环节。

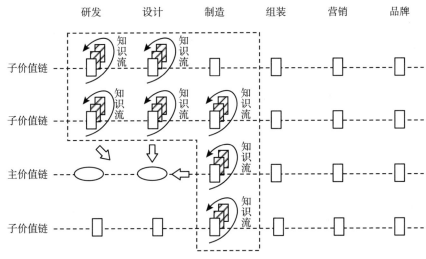

图 5 – 7　多点嵌入策略下企业 GVC 升级的实现途径

当一家公司试图向 GVC 主链中的设计、研发、品牌营销等高附加值环节延伸时,很容易与原 GVC 领袖企业的核心业务发生直接竞争。与链主企业相比,本土企业在规模和要素禀赋均处于劣势,甚至在某种程度上还需要依赖于链主企业,因此升级阻力极大。双重嵌入视角下,国内企业可以基于产品架构寻找子价值链上的相关环节,通过模块化联动与集成的方式在不同环节的模块间形成知识流,从而构筑主链关键环节的开发与提升渠道。通过占据邻近或者相互关联的上下游模块(即图 5 - 7 中组合矩形模块)逐渐接近主链上的核心模块。这不仅避免了与链上企业的直接竞争,而且进入壁垒也相对更低。

3. 高端集群移植嵌入

装备制造企业可借助"移植 + 吸纳"的形式直接嵌入到 GVC 高端环节,快速实现企业在 GVC 上的升级,以避开在高端价值模块方面初始投资不足的限制。本土装备制造业一方面可通过不断延伸自己的价值链以在 GVC 上实现由低端切入高端部分,另一方面可以引进处于高端位置的公司或跨国公司分支机构，达成直接嵌入高端价值链的目标。也就是说，可以构建一个本土企业与发达国家企业间发生知识流动的跳板，比如通过"移植"的形式在某一个特定地区开发属于高端价值模块的企业集群，实现本土化"结构洞"区位，并借助政府的一系列积极举措打造区域技术创新平台，为区域内企业高质量的知识共享搭建通道。与此同时，跨国公司的大量分支机构为国内企业提供了多种与之互动的方式，这样本土企业可以更好地推动施行多点嵌入战略，最终构建自身的国际客户网络。另外，引进多家跨国公司有利于利用各发达国家链主企业与企业间的竞争关系，从中受益，并增加企业价值链位置向更高端部分发展的机会。

4. 动态双重嵌入

陷入"低端锁定"的装备制造企业的生产活动大多受到跨国公司的需求市场与核心垄断的技术支配。消除"低端锁定"的先决条件之一是从单边依赖局面过渡到双向依赖关系，因此，积极培育自身动态核心能力是可行途径之一。要主动寻找价值链断层；要在价值链内实施多元化战略；要结合多个价值模块特性挖掘关键核心价值模块突破的可能性，积极进行生产协调，提升利润率，增强自身实力；要通过设立科研机构建立知识传播和转移平台，强化企业引进、消化、吸收和再创新的过程。除此之外，与具有相应资本运营能力的公司以合资、控股方式联合为区域性产业联盟，并形成资本、社会、多元合作的"嵌入式"集团。自主创新、有效整合并运用各种成熟技术的能力是未来发展中国家装备制造企业嵌入 GVC 的重要着力点，组织协同能力使企业在 GVC 中的嵌入深度提升，企业通过积累关系资本，与 GVC 中其他企业间交互增加，各利益相关主体间信任增加，知识共享、资源交换机会增多，企业在全球范围寻找资源的最优配置，故使原本不占优势的服务资源整合能力得到改善，最终扩大企业参与 GVC 的价值环节跨度。全球性的资源配置格局是装备制造企业所处的重要背景，企业低端锁定并非因为企业嵌入了 GVC，而是静态考虑企业在 GVC 中的位置与地位，忽视了企业的主观能力。企业需要在持续嵌入中发现并利用动态调整价值链的可能性，以挖掘新的价值来源。模块系统的动态可更新性使其可以随着技术革新与知识积累不断发生分解并整合，使企业持续不断的积累生产制造与服务能力，以及向 GVC 高价值增值环节攀升的知识基础和经验。

5.3　价值环节延伸型 GVC 升级路径运行

对价值环节延伸型 GVC 升级路径的运行进行阶段性分析，依据路径运行过程中企业模块的划分与模块间的联动性特征，构建了代表性案例 H 企业模块间联动模型，通过定性比较分析的结果对模块联动特征进行分类，并依此提出相应升级路径的运行策略。

5.3.1　运行的组织管理分析

通过前文对路径的构建，路径的有效运行需要能够回答以下问题：价值环节延伸升级路径下，企业生成的模块间该如何进行联动，才能够得到集成模块整合后的性能提升。因此，本书将升级路径的运行问题转化为企业如何通过要素联动全面提高模块内要素水平，从而提高集成模块性能的问题，以此探究模块联动对企业升级的影响。由前文可知，升级的过程即企业内各模块间联动互促的过程。模块联动的方式决定了模块提升的方式，而延伸型路径下企业的升级过程即模块面向系统性能有效互动并整合、实现提升的过程。模块内要素所能达到的水平决定了升级的最终结果，企业的强组织优势使模块内要素水平提升具备了源自系统内部的驱动力。对企业组织结构特征的认识，将有助于企业同时从针对性和协同性两方面实现企业的重点环节突破与整体升级推进。因此，升级运行将经历以下几个阶段：（1）确定价值模块形成；（2）分析企业价值模块的差异化链接形式与网络结构；（3）确定各模块水平影响因素；（4）设计模块联动方式；（5）模块水平提升，集成模块性能改善。

5.3.2　运行的实证研究

1. 企业价值模块划分

成功的组织能力变革是以企业战略与其结构要素之间的一致性作为基础的。因此，每一个企业在进行细粒化的模块拆解时都因其不同的要素结构特征存在差异化的模块分解办法与分解程度，因此重要的是寻找不同属性下的模块联动方式，即使不同类别的企业模块划分有差异，但均可依据模块属性，设计模块联动路径。依据第二章的路径划分与第七章的路径选择方法，选择该范围里的 H 集团作为价值环节延伸型 GVC 升级路径的典型装备制造企业。H 集团为大型装备制造企业，同时此家中央企业在国家倡导"两业融合"战略期间，通过积极的组织变革实现了企业在 GVC 链上的多点嵌入、深入嵌入与价值链攀升，实现了价值环节延伸型的 GVC 升级。因此，该企业在已有 GVC 升级水平及升级路径选择方向上具有典型性，可作为范例样本。我们在六年间跟踪了该集团下 10 家一级子公司，并与相关部分门负责人、总经理与战略制定部门人员进行过多轮交流，并邀请他们回答问卷。基于双重架构，整理了企业的模块化单元如表 5 - 1 所示。其中，模块化单元是企业依据价值链划分得到的一级模块单元，二级模块单元则是在功能架构的基础上进行了二次划分，三级要素则是企业模块多轮联动下，产生的进一步模块化拆解。本书以二级模块划分的模块类别作为该企业双重架构下的模块拆解结果进行下面的分析，共计 32 个。不选择三级模块是因为，三级模块可为结果提供进一步分析的依据，从而更详细地揭示企业是如何通过模块联动实现其在 GVC 上的升级的。

表 5 - 1　　　　　　　　　　　模块分类与名称

序号	模块名称（一级）	序号	要素名称（二级）	要素名称（三级）
1	项目承包和分包	1.1	项目投标能力 A	合作方开发
				客户需求分析
				竞争者分析
		1.2	系统解决方案 B	业务集成
				技术能力
		1.3	项目承包能力 C	人员能力
				资金实力
				组织（沟通）能力
				项目质量
				业务规模
		1.4	项目管理能力 D	成本管控
				质量控制
				人力管理
				采购（分包）渠道
				周期控制

序号	模块名称（一级）	序号	要素名称（二级）	要素名称（三级）
1	项目承包和分包	1.5	风险控制和管理 E	政府支持（补贴）
				风险分担方式
2	项目运营和服务	2.1	安装和运行服务 F	产品安装、调试
				使用培训
		2.2	项目成本管控 G	成本管理
				费用管理
		2.3	项目风险控制 H	建设风险
				运营风险
		2.4	项目运营管理 I	运营周期计划
				监督和管控
				考核和资源配置
				人员调配
3	设计和研发服务	3.1	关键产品研发 J	机型设计
				机型试验
		3.2	关键产品设计 K	参数优化
				产品试验
		3.3	关键产品工艺 L	工艺设计
				工时定额
4	核心产品营销	4.1	客户满意度 M	顾客满意度收集
				产品质量
				顾客关系维护
		4.2	产品营销网络 N	市场需求
				营销网络
		4.3	品牌管理能力 O	企业文化
				溢价程度
				产品印象
		4.4	市场解读能力 P	市场价格
				差异化

续表

序号	模块名称（一级）	序号	要素名称（二级）	要素名称（三级）
5	生产组织和制造	5.1	物资需求安排 Q	生产组织
				物料采购
				库存管理
		5.2	设备调度能力 R	设备维护
				设备投入
		5.3	工具需求安排 S	工具投入
				工具生产
		5.4	质量管控能力 T	质量检测
				质量管控
6	产品运输服务	6.1	运输方案选择 U	运输方式
				运输成本
		6.2	运输风险控制 V	运输安全
				运输周期
7	项目售后服务	7.1	产品运维 W	运维方案
				技术方案
		7.2	备品备件 X	产品质量
				周期控制
		7.3	培训服务 Y	指导教程
				人员调试
8	金融服务	8.1	现金管理 Z	财务结算
				信贷服务
		8.2	金融业务 a	保险服务
				资本融通
				融资租赁
9	咨询服务	9.1	质量检测 b	检测团队
				检测资质
				检测能力
		9.2	技术咨询 c	技术团队
				服务资质
				技术水平

序号	模块名称（一级）	序号	要素名称（二级）	要素名称（三级）
9	咨询服务	9.3	管理咨询 d	管理经验
				服务资质
10	投融资业务	10.1	财务投（融）资 e	股权投资
				债券投资
		10.2	产业投（融）资 f	有形资产投资
				无形资产投资

2. 企业模块的网络结构特征度量与分析

我们给在六年间跟踪的该集团下 10 家一级子公司的相关部分门负责人、总经理与战略制定部门人员发放了问卷。问卷主要针对企业各模块的三大性质展开调研，分别是模块的被依赖程度、依附程度和模块在企业组织域中的水平与位置，并回收了 48 份有效问卷。借助 "UCINET" 软件，基于企业细分模块，得到 H 集团中各模块的中心性数值（如表 5 - 2 所示）。其中，模块被依赖性用 IN 表示，对组织其他模块的依附性用 OU 表示，MB 代表模块的中心—边缘性。↑和↓分别代表企业转型升级前后模块的水平，内、外向中心性或者核心—边缘度的提升和下降。我们还测度了相应模块在行业中所处的角色位置，并发现他们具有一定程度的相似性，因此可以说明 H 集团在价值环节延伸型 GVC 升级路径的案例企业集合中是具有代表性的企业，适合作为案例提供研究策略。

表 5 - 2　　　　　　　　　**现阶段 H 集团的网络结构特征**

模块	Y	次序	IN	OU	MB
A	7.9 ↑	9	12	32 ↑	0
B	8.3 ↑	5	19	36	0
C	8.7 ↑	1	29	30	0
D	8.6 ↑	2	26	34	0
E	8.2 ↑	6	32	20	1
F	7.9	9	33	32 ↓	1
G	8.0 ↑	8	35 ↑	30	1

续表

模块	Y	次序	IN	OU	MB
H	8.0↑	8	29↑	28↓	1
I	8.0↑	8	25↑	28	1
J	8.1	7	20	26	1
K	7.6↑	12	37↑	29	1
L	8.1↑	7	27↑	27	1
M	7.4	14	36↓	26↑	1
N	8.0↑	8	35↑	28	1
O	8.2↑	6	30↑	25↓	1
P	8.1↑	7	27↑	33	1
Q	8.6	2	21	28	1
R	8.5	3	29	26	1
S	8.4	4	33	32	1
T	8.0↑	8	33	24↓	1
U	7.1	16	25↑	20	0
V	7.3	15	16	22↑	0
W	8.1↑	7	18↓	24↓↑	1↑
X	8.2↑	6	15↓	24↓↑	1↑
Y	7.5	13	27↑	27	0
Z	7.9	9	29	31	1
a	7.7↑	11	29↑	31	0
b	8.3	5	29	33	1
c	7.8	10	31	30↓	1
d	8.3	5	24	26	0
e	8.5	3	21	36	0
f	7.0	17	19↑	38↓	1

资料来源：UCINET 软件统计输出。

　　为了得到升级路径下企业各模块的联动方式，从而得到相应的升级策略，本书对照了 H 集团升级前后的模块属性与水平，依据模块链接密度对模块进行了区块的分类，所分类别包括四种，分别为：ρ > 0.25、0 < ρ < 0.25、

$-0.33 < \rho < 0$、$\rho < -0.33$，如表 5 - 3 所示。由表中数据可见，模块构成的区块之间存在明显的中心—边缘结构，并表现出核心区块间双向依赖、边缘模块间依存关系较弱、边缘模块单边依赖核心模块的三类区块间依存关系。这一结论说明：核心模块间的彼此依附关系紧密；边缘区块间依附程度均较低；核心区块与边缘区块的关系主要是边缘区块对核心区块的单边依赖关系。除此之外，H 集团在升级前后，模块的核心—边缘结构和联动的紧密程度均发生了变化。第一，W、X 模块由边缘区块进入核心区块，符合前文构建时提到的非核心模块通过模块的集成与整合进入主链的关键价值环节中这一预测。第二，核心区块内的模块间依存度降低。第三，边缘模块对核心模块的依赖度降低。因此，综观区块间的链接关系是逐渐转为稀松的，第二、第三个结论也符合前文模块拆解的理论模型构建结果。

表 5 - 3　　　　　　　　　　**H 集团升级前后的网络结构**

模块		Z 值			
		升级前		升级后	
		核心模块	边缘模块	核心模块	边缘模块
		E、F、G、H、I、J、K、L、M、N、O、P、Q、R、S、T、Z、b、c、e	A、B、C、D、U、V、W、X、Y、a、d、e	E、F、G、H、I、J、K、L、M、N、O、P、Q、R、S、T、Z、b、c、e	A、B、C、D、U、V、Y、a、d
标准化前	核心模块	0.596	0.376	0.535	0.291
	边缘模块	0.519	0.267	0.463	0.204
	密度	2.212	1.376	2.616	1.343
	相对值	2.042	1.000	2.191	1.000
标准化后	核心模块	0.535	-0.301	0.416	-0.612
	边缘模块	0.278	-0.453	0.145	-0.507

资料来源：UCINET 软件统计输出。

3. 基于 QCA 的各模块水平影响因素分析

为进一步得到 H 集团升级的具体策略，本书运用定性比较分析（QCA）方法，探究模块间的结构化关系。本部分将以上一小节得到的网络结构特征作为前因变量，将中心边缘特征与模块水平进行赋值，将模块行业水平大于 0.5 赋值为 "1"，否则为零，将模块内外向特征大于均值赋值为 "1"，否则为 "0"，得到真值表，并以此进行定性比较分析，分析结果如表 5 - 4 所示。遵循 Fiss 的汇报形式，●与⊗均表示为核心条件，也是共有关键条件，其对结果的影响往往最为关键，其中●表示条件存在，⊗表示条件不存在。●与⊗表示辅助条件，对结果产生的作用往往是辅助性的，●表示辅助条件存在，⊗表示辅助条件不存在。空白表示条件冗余，不对结果造成影响。当将共有关键条件作为组态划分标准时，可得到 H_1、H_2、H_3 三个正事实案例组态和 L_1、L_2 两个反事实案例组态。一致性反映组态的必要性，均大于 0.75，必要性水平较高。覆盖度反映了组态的充分性，越高意味着组态可解释研究结果的程度越高，重要性也越高。

表 5 - 4　　　　　　　　　　　　模块类别的组合构型

条件变量	Y				~ Y	
	H_1	H_2	H_{3a}	H_{3b}	L_1	L_2
内向性	●	⊗	●	⊗	⊗	⊗
外向性		●	⊗	⊗	⊗	●
中心—边缘性	●	⊗	●	●	⊗	●
一致性	0.8	1	1	1	1	1
原始覆盖率	0.3	0.2	0.2	0.3	0.5	0.5
净覆盖率	0.27	0.19	0.2	0.2	0.5	0.43
典型案例	G、K、L、N、P、S	A、B、C、D	E、H、O、T	W、X、Q、R、J、I	U、V、Y	f、e、Z
解的一致率	0.79				0.83	
解的覆盖率	0.48				0.49	

由表 5 - 4 可知以下几点。（1）强被依赖性为核心条件，核心模块为辅助条件时，模块水平趋于更高，如 H_1 结论所示。符合这一结果的模块有 G、K、L、N、P、S 模块，分别是成本管控、市场解读能力、产品营销网络、关键产品工艺、关键产品设计、设备调度能力等模块，覆盖案例数达到 29%，这一解释的一致性水平，达到 0.8。（2）仅依附其他模块却不为其他模块所依赖的非核心模块，往往具有较高水平，如 H_2 结论所示。覆盖案例数达到 23%，这一解释的一致性水平为 1。依据原始数据发现，A、B、C、D 模块（即投标能力、系统解决方案、项目承包能力、项目管理能力模块）属于这一情况下的典型模块，其所依赖的模块水平较高是导致他们水平较高的主要原因。（3）H_{3a}、H_{3b} 均属于居于

核心区位且以低外向中心性作为核心条件，覆盖案例数达到 36%，这一解释的一致性水平为 1，其中案例 W、X 和 E、H、O、T 属于此类型下的典型案例。其中案例 W、X 代表的产品运维、备品备件模块，模块水平均居于高位。案例 E、H、O、T 代表的质量管控能力、品牌管理能力，风险控制管理、项目风险控制模块还需要较高的内向中心性。（4）外向性极低的非核心模块，较低的内向中心性作为辅助条件，模块水平往往较低，典型模块为 U、V、Y，分别是运输方案选择、运输风险控制和培训服务模块。（5）由低内向性导致的内外向中心性极度不平衡的核心模块，模块水平往往较低，覆盖案例数达到 33%。这一解释的一致性水平为 1，典型案例为 f、e，分别是产业投（融）资和财务投融资模块。

5.3.3　运行的实证结果分析与策略

1. 模型结果分析

依据社会网络分析与定性比较分析的结果，本研究得到了价值环节延伸路径下的装备制造企业各模块的结构化综合关系。现依据模块属性和内、外向关联性绘制三维图形，并得到价值环节延伸升级路径下各模块的互动提升路线，如图 5 - 8 所示。模块间的关联关系用内外关联性进行刻画，模块属性则主要通过模块水平来体现，并得到以下结论。

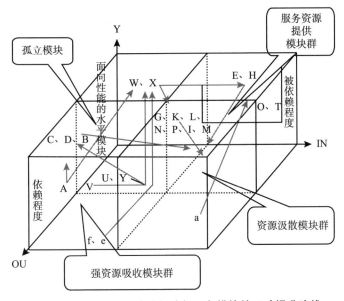

图 5 - 8　价值环节延伸升级路径下各模块的互动提升路线

（1）具体分析案例 G、K、L、N 发现，原本就是核心模块的项目成本管控、关键产品设计与工艺、产品营销网络模块、竞争市场解读模块、设备调度能力模块得以保持甚至达到较高水平，多源于其较强的内向中心性，即被其他模块，尤其是核心模块所依赖，因此企业需要继续维持这类模块的内向中心性，使其重要性不被替代。H 集团在转型升级期间进一步发展并强化了这几类模块，例如项目成本管理模块方面，基于三大重要制造厂构建了完备的成本核算体系和费用管理体系；在关键产品设计与关键产品工艺两类模块下，建立了 3 个国家工程技术研究中心、2 个国家重点实验室和 1 个国家级企业技术中心，夯实了企业在国际上的核心竞争力。产品营销网络方面，H 集团建立了稳定的市场客户关系和营销网络。竞争市场解读方面，H 集团经历 70 年的客户与营销体系建立，形成国内行业壁垒，对竞争对手的产品以及技术情况都比较了解。设备调度能力方面，H 集团加工设备在转型期间突破 3800 台，精大稀设备超过 300 台，数控设备突破 30 台。

（2）在项目承包与分包四个子模块下，即投标能力、系统解决方案、项目承包能力、项目管理能力模块是具有强外向中心性的边缘模块，其借势了高水平模块，因此也可获得较高水平。具体分析 H 集团模块情况可知，该集团企业在升级期间依托于项目运营和服务模块与核心市场和营销模块，开发形成了国际总承包能力。对照组案例产品运输服务一级模块下，运输方案选择与风险控制模块正是由于外向中心性低导致非核心模块难以提高水平，这主要是因为产品运输与高端装备制造行业关联性不高，该集团无法借助其他高位优势模块获得发展优势。因此，H 集团下一步需要针对 IJ 这两个模块进行升级，并主要参照 A、B、C、D 模块的升级方法，增强对服务模块的依赖，借势高水平服务模块提升自身模块属性。

（3）风险管控、品牌管理和质量管控案例模块水平较高，主要源于其处在未锁定外模块的核心模块位置处，同时较强的被依赖性使其重要性不会降低，因此模块水平得以渐进升高。

（4）W、X 模块与 E、H、O、T 模块具有相同的核心条件，但辅助条件不同，通过回查表 5−3 发现，W、X 是边缘模块，且与其他模块的依存关系相当弱，属于较孤立模块，企业转型升级期间，其对应的产品运维与备品备件借势了服务模块品牌管理、风险控制与质量管理三个高水平模块，与他们分别建立了链接，并主要表现为 W、X 对 E、H、O、T 的依赖，由于 D、E 原属于孤立模块，因此，一旦借势高层级模块，将发生突破性的升级，最终获得结构性的改变。

（5）模块 f、e 的内向中心性远低于外向中心性，容易受到被依赖模块水平的影响，由于开展产业投融资一般是基于带动新产品销售、拓展销售渠道或积累项目经验等因素进行的，新产品相关的模块水平还不够高，导致投（融）资水平和规模还不大。因此模块需要解锁依赖的低水平的模块链接关系，同时还需增强被依赖性以巩固并加强本模块在系统中的地位。

（6）对模块水平较低的边缘模块 U、V、Y，当外向中心性极低时，将不利于模块借势环境优势，因此可首先考虑借势较高水平的模块，尤其是高水平的服务模块。若想实现升级，可以参照 W、X 借势高位势服务模块的突破性升级方法，也可以参照 B、C、D 模块，与区块内模块尝试建立多种外向性关系，虽然边缘性可能难以改变，但模块水平仍可得到提升。

2. 路径运行策略

通过价值环节延伸式升级路径的运行模型构建、结果分析，得到如下管理策略。（1）需要率先提高被依赖的核心模块水平，方式主要是加强核心模块间的依存度。核心模块的内向中心度是模块水平提升的关键因素，因此，加强核心模块之间的关联性，尤其可以以服务模块作为桥梁，使更多模块产生对此高水平的核心模块的依赖。（2）被企业其他环节所依赖的核心模块，若同时高度依附于低水平模块，依赖关系导致的低端锁定是急需解决的问题，此时应尝试转变依赖的对象，借势高级位势的模块以获得借势优势。（3）处于难以提升的瓶颈式模块，可寻找跨层级的服务模块进行借势，以获得突破性升级能力。（4）各模块的内、外中心性需要均衡，尤其是当模块的内向中心性远低于外向中心性时，企业可以通过服务模块的辅助作用降低其对其他模块的依赖程度，同时利用服务模块的桥接作用增强其他模块与此模块的交互，从而达到增强内向中心性的作用。（5）属性低的边缘性模块，若同时又对其他模块依附明显，可考虑增强与服务模块的依存关系，以服务模块为辅助模块，留给企业进行长期渐进式升级。这不仅降低风险，也节省了企业精力。

5.4　本章小结

本书从价值环节延伸型路径基础分析、构建与运行三个方面对价值环节延伸型升级路径进行了剖析。第一，从路径的内涵、特征和升级构建思路三方面详细地进行了路径分析。第二，从双重架构的模块分工、面向系统性能的模块联动和企业 GVC 位置重构三个方面构建了价值环节延伸型升级路径。第三，依据路径运行的组织管理特征分析，构建了企业模块联动模型，并通过案例的定性比较分析从价值模块划分、模块网络特征、模块水平影响因素三方面揭示了企业价值环节延伸型 GVC 升级路径的运行策略。

第6章 基于服务化的装备制造企业链网 重构型 GVC 升级路径

基于前文分析，在高服务资源整合能力和高组织协同能力的要素结构下，装备制造企业处于 GVC 升级高级阶段，装备制造企业应遵循链网重构型的 GVC 升级路径，本章从路径内涵及构建思路、路径构建、路径运行三方面对此路径进行具体分析与设计。

6.1 装备制造企业链网重构型 GVC 升级路径内涵及构建思路

本节依据前文的要素结构对链网重构型 GVC 升级路径的内涵进行界定，并分析路径特征，在内涵与特征基础上，设计了路径的构建思路。

6.1.1 装备制造企业链网重构型 GVC 升级路径的内涵

双高要素结构下的装备制造企业目标是满足更高层次的市场需求，这种需求往往是高定制化的、技术密集的且服务精细化的。为了避免资源的重复建设与浪费，装备制造企业在资源开发前首先会完成与外部现有资源的全面共享。资源共享成为双高型装备制造企业运用资源的首选方式。这使装备制造企业业务构成更加复杂，与网络资源间的交互也更显频繁。企业需要通过产业链的高级化与现代化实现原产业链更新，使企业边界逐渐模糊甚至消失。由此，服务资源整合与组织协同能力优势兼备的装备制造企业才能在全球范围内发现、获取并集成企业所需资源。除此之外，跨产业集成下，产业与组织差异使知识获取的来源和方法属性迥异，需要平台与服务系统作为异质化知识源获取、归类和整合的高效通道。处于孤立位的资源在大面积聚合与集成过程中，形成交织互联的资源共享链网，并在跨界集成中产生新的知识与价值。因此，链网重构型 GVC 升级路径是装备制造企业利用组织协同优势在跨界链条与组织间搭建一切资源无阻碍流动、渗透与转移通道，基于服务资源整合优势完成服务赋能，并提出实现组织目标统一的服务价值主张，从而在系统涌现的情况下，形成不断提高市场需求察觉与敏感度、提升市场需求响应速度与程度、增加组织需求动态可变性的价值创造网络的过程。

6.1.2　装备制造企业链网重构型 GVC 升级路径的特征

本书从链网的动态虚拟性、协同性及可被强化的中心—边缘性三个方面分析链网重构型 GVC 升级路径的基本特征。

1. 动态虚拟性特征显著

链网重构型 GVC 升级路径下企业间的关系更加虚拟化，网络虚拟性即单一型网络为完成特定任务或者生产特定产品形成的链网基本特征，同时还具备囊括多个单一型网络且集结所有制造企业、生产服务企业、服务生产企业以及客户的复合型网络特征。这种跨界集成的复合型网络使装备制造企业与各协同网络主体间的关系变得复杂。链接一切、共享一切的情形下，价值链开始呈现出扁平化与互联化的基本特点。服务生态系统成为此阶段主要的商业模式。服务平台可依据成本最低且价值更优的基本原则，进行模块的集成，实现动态且虚拟的价值链网，并可随时根据市场需求调整虚拟耦合链以时刻保证全程链网的价值最大化。

2. 链网协同下的升级过程

链网协同性特征，链网重构型网络升路径的网络协同性来源于两个方面，首先是以服务化链接的各主体企业间形成的有效互动，其次，以服务价值主张作为根本战略指引的各价值单元协同企业，依据最新的客户需求做出精准且迅速的响应，也是时刻追求自我发展与自我演化的链网协同过程，并且以此形成的网络协作系统更具可持续性，更易实现网络创新效应。

3. 可被强化的链网中心边缘性

平台生态圈的形成过程无时无刻不伴随着平台领导权的争夺战，在这一过程中，强势企业与颠覆型创新型企业都将有可能成为网络的核心。选择谁作为链网的核心企业具体取决于其他企业对该企业的依附程度。服务属于隐性知识，具有难以复制性，随着服务提供的结束，与此相关的隐性知识也随之消失，难以像实物产品一样沉淀下来。因此，保持链网重构升级关系并遵循链网重构过程十分重要。稳定的合作共享关系，持续且良性的共享行为是此路径目标实现的关键。网络中心—边缘性特征维持与强化即为了巩固双高型要素结构装备制造企业的中心位置。装备制造企业因掌握核心技术更容易被链网上的其他企业所依赖，同时基于服务化价值主张，标准与规则的制定权使核心企业更有机会创造出最佳绩效。更重要的是，基于服务化的链网战略目标基于市场需求动态不断更新，也使企业核心地位得到强化。

6.1.3　链网重构型 GVC 升级路径的构建思路

双高型要素结构使装备制造企业处于升级的最高层次上，服务价值主张已成为企业最主要的价值逻辑，这也符合企业价值逻辑的基本演化规律。此时顾客需求是企业价值的主要来源，企业在生产、制造、研发、营销各环节以服务化手段构建与客户的互联界面，各价值区块间的边界开始逐渐模糊。此时，价值主张进一步发展为装备制造企业与参与者网络连接的互联界面。装备制造企业的核心业务逐渐在过程服务化的作用驱使下呈现出更高的专业化特征，核心竞争优势进一步提高。知识外溢与知识转移在装备制造企业各纵向价值流程间与各横向价值环节间建立起了沟通与交互的渠道，企业的资源与能力得到联通，资源可以自由流动，液化后的资源再聚合将得到复杂性更高、配置更合理、资源密集性更强的标准化的价值模块。价值模块将更易与企业内外部环境中的价值环节与流程进行集成与协同，以此进一步促进所处平台网络的解构和再融合，网络中心—边缘性特征得到深化。基于服务化的商业模式变革将通过网络结构创建，形成差异性、复杂性的新兴价值主张，价值主张核质膨胀并辐射更多网络内企业，促使参与者网络关系从基于价值交付的竞争关系转化为基于协同创新的合作关系，此时装备制造企业不但为客户创造了价值，也为整个 GVC 链网参与者提供了降低成本、升高效率和技术创新的模式与方案。因此，装备制造企业及其网络企业均可从协同活动中获得竞争优势，这也使网络成员进一步对服务价值主张产生依赖，并被其吸附。装备制造企业作为服务价值主张发起者，网络中心性进一步提升，最终成为 GVC 网络治理的领导型企业。

基于以上路径构建过程的分析，形成了链网重构型 GVC 升级路径的构建思路，如图 6-1 所示。第一阶段是去产品化阶段，在这一级阶段中，企业资源得到了完全的液化和拆解。第二阶段是价值共创阶段，发生液化的资源再度密集并被捆绑，进行互联共享的价值创造。第三阶段是价值主张的扩散与核聚，价值主张核质更新也引致了链网的扩散与核聚效应。

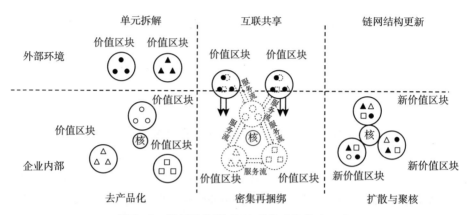

图 6-1　链网重构型 GVC 升级路径构建思路

资料来源：笔者自制。

6.2　装备制造企业链网重构型 GVC 升级路径构建

依据价值环节延伸型 GVC 升级路径的内涵与构建思路分析，本书从资源液化、共享互联系统和新链网重构三个方面构建了企业链网重构型 GVC 升级路径。

6.2.1　资源液化

在网络型商业模式中，"知识资本"新元素决定了可持续的竞争优势，企业或行业将内外部知识转化为资本的能力对培育企业核心竞争力非常重要。双高型装备制造企业更容易实现产品分解与高级服务要素的附着，这不仅加长了企业产品的生命周期也使其更易进行价值传递。知识无阻碍传递并形成知识资本的过程是企业资源液化的过程。这一过程主要涉及资源形态的转变和提供流动的通道两方面，因此，本书构建了由去产品化与互联服务赋能两部分组成的资源液化过程。

1. 去产品化

去产品化是指过去被良好定义的价值环节与流程产生分离，企业活动不再受时间、空间和行动者限制。为迎合价值主张的组织规划与设计，企业可从时间、空间和行动者等维度对每一项生产活动或每一流程产品进行灵活提取，并完成提取资源的再编排与整合。如何将资源、能力、信息从产品实体中析出，是企业传统流程与环节能否进一步拆解为更小价值单元甚至元素的关键。当产品与服务已达到充分融合阶段时，资源间变得边界模糊甚至无边界，连通使资源转为液化游离态，此时的资源要素更易被移动、吸收与再解释。服务化的这种互通性使双高型装备制造企业演化为网络焦点企业成为可能，跨界联盟中知识资源外溢与知识转移共享问题将在持续且有效的交互中得到解决。基于服务化的单元解构指装备制造企业全面利用并整合信息化、数据化以及平台化优势资源，通过跨产业联盟方式实现不同产业知识传递的过程，在这一过程里联盟企业间将形成细粒化且非通用性元模块。知识元是企业模块得以分解的最小单位，因此，若要实现低耦合的知识全面共享与整合，就需建立知识元从产品实体中析出的途径与通道。知识元存在于资源、能力、信息中，它既可以来源于装备制造企业内部，同时也可来自关联企业、生产性服务企业以及客户。高度开放的组织环境与先进的新兴产业技术搭建的服务生态系统，在利益相关者间形成虚拟企业，实体企业间的边界不再被考虑，同时他们拥有的知识元在系统中聚集，成为整个系统升级运行的元素。

2. 互联服务赋能

虽然价值单元去产品化了，但碎片化的单元仍难以找到再拼装的有效依据。互联服务在知识元间搭建起跨越实体与虚体的链接通道并提供基于服务价值主张的动力源。单元解构是资源液化的物质基础，但细粒单元间协同效应的源泉还需进一步探求。互联服务赋能是指基于服务化手段，知识被解读、被习得并依据客户需求进一步凝练，获得知识元存储量的提高甚至演化出新的知识元的过程，即知识元协同、整合与再拼接的过程。首先，细粒化的知识元的耦合性低且差异化明显，是具备"独特化"特征的价值单元，在服务构建的高速通道上，共同奔赴"保证客户价值交付"这一目标。在这一"响应"过程里，各单元间的界面关系呈现出相互交织又彼此松散独立的互联性特征。其次，与模块化不同，价值单元不是"标准"的接口形式，不同于预设产品或组件标准下的计划性集成，价值单元网络中价值链活动协调的过程还将涌现出新的价值创新点。互联服务赋能下的价值元具备强灵活性与适应性，可根据外部环境需求或者变化随时进行共享、整合与更新，从而实现了价值单元的循环升级，至此，互联服务赋能实现。互联服务赋能下的价值单元循环升级过程即为显性知识与隐性知识相互转换的过程（如图 6 - 2 所示）。隐性知识与显性知识间实现共享，并不断发生渗透、更新、整合与协同，价值单元被服务化赋予了持续演化与循环升级的能力。

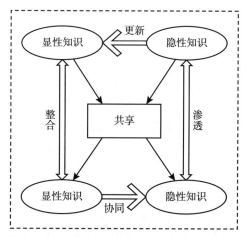

图 6 - 2　互联服务赋能下的价值单元升级过程

资料来源：笔者自制。

6.2.2　共享互联系统

资源液化形成的细粒化价值单元构成了装备制造企业链网重构路径的升级基础，而价值单元间的共享与更新则是装备制造企业全面实现价值共创的关键步骤与重要过程。本书从网络系统涌现与系统解构两个方面对共享互联系统进行设计。

1. 链网重构下的系统涌现

构建链网重构型系统结构需首先明确系统的形成机制，以及如何利用网络效应机制获得自身价值的倍增效应。网络扩散和网络聚核是影响网络效应的一对双元能力，其共同影响着焦点企业 GVC 升级的最终结果，服务化平衡了装备制造企业所在 GVC 链网的向心性与离心性，使以装备制造企业为核心的网络系统得以涌现。

（1）价值主张核质与网络扩张。网络扩张是设备制造商通过服务价值主张与服务网络系统中越来越多的成员建立联系、产生交互，并增加网络效应的过程。基于服务平台建设，以及新兴产业在装备制造企业流程与环节中的应用与融合，企业建立了需求价值导向的服务价值主张核质。扩网的动态可持续性是装备制造企业获得网络领导权并实现 GVC 升级的关键。借鉴 R. 古拉蒂和 M. 赛奇（R. Gulati，M. Sytch，2007）、刘林青、李靖华等学者对制造网络权力和网络要素竞合关系的研究，服务理论创新形成了基于服务价值主张的扩网基础，产业间的合作提高了企业能力与业务规模。因此，服务理论创新形成的服务价值主张是扩网基础，而产业间的合作则提高了企业能力与业务规模，并且焦点企业所在网络的协同企业数量越多，空间越广泛，价值活动越多样化，其所治理的网络竞争力越具优势。产品服务系统下企业与生产性服务企业、科研院所、高校、客户等价值主体基于相同的服务价值主张协同作业，各利益主体通过组织内的资源与知识共享实现价值增值与创新，网络效应扩散下，组织竞争性增强。

（2）核质膨胀与网络核聚。聚网指装备制造企业通过服务创新不断优化更新价值主张，以增强网络效应的过程。若仅考虑网络扩张，会导致占据网络优势的装备制造企业所处网络的离心力增强，企业在链网环境下将很快丧失竞争优势。可持续价值主张是加强组织路径依赖，维持网络关系的关键。服务过程创新与顾客体验创新可通过形成可持续的价值主张防止网络扩张引发的网络崩溃问题。这是因为：服务过程更新了组织结构，顾客体验创新动态更新了价值主张核质，提高了链网向心力。以服务价值主张为核质的平台网络，组织目标趋于一致，这使外部企业对掌握核心技术的焦点企业依赖呈非线性趋势加剧。这种情况下，网络效应得到进一步发挥，装备制造企业核质扩大。投入服务化使企业吸纳一切可利用的环境内资源并使其向企业核心价值区块聚拢，这进一步强化了基于服务化的价值主张。产出服务化又高度迎合了组织的价值主张，使装备制造企业的网络中心性得到巩固。在此机制下资源密集性进一步提高，服务价值主张的网络核质发生膨胀，并进一步影响整个 GVC 链网。

2. 链网重构系统结构

基于服务化的链网重构系统结构是以装备制造企业为核心，连同跨产业链（网）上的相关实体构成的组织系统。基于前文分析可知，服务价值主张核质使组织成员对系统产生路径依赖，新系统得以维持。装备制造企业也因掌握服务价值主张居于网络系统的核心位置。与原有企业的线性价值链关系不同，服务连接的组织间网络平台生态系统高度异构，核心企业需要调度服务系统中纵横互联的异质性"元素"企业并与客户开展协作。双高型装备制造企业往往拥有组织网络内最核心的资源并且组织规模较大，因此内、外资源渠道更为畅通，可承载多样化的组织形式。在该体系下，网络系统需要能够实现整个价值链的决策、研发、生产、营销等基本功能，并需要服务网络通过网络整合连接多个利益相关者，并以此培育新功能。装备制造企业若要通过链网组建实现GVC升级，一跃成为全球价值链链主，就必须借助平台力量，吸纳优质平台成员，并通过良性互动优化生态系统，拓展市场、延伸业务，促使平台持续升级。以装备制造企业为核心建立的跨组织价值单元共享平台，需要能够引导并激励生产性服务企业、关联企业和客户进行资源与知识的积极共享，并具备服务价值主张驱动体系、智能生产与服务体系、高新产业支撑体系和平台监管体系等主要组成部分。基于以上分析，本书构建了跨组织知识网络共享超网络模型，如图6-3所示。此模型由三个主要网络和一个支撑平台构成，分别是客户网络、价值单元网络、组织网络和共享服务平台。价值单元库中的知识单元由跨组织的企业、机构以及客户上传，其可以是企业的显性知识单元，也可以是基于需求或服务的隐性知识单元。这些单元的提供者由组织网中的各企业和客户网中的各客户共同组成。此时的客户具有价值单元提供者和产品服务需求者的双重身份，其中客户与组织间的互动，组织中企业与企业的互动均是通过价值单元网络联通的。

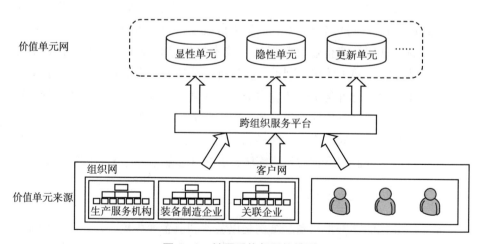

图 6-3　链网重构超网络模型

在超网络下，企业每次与外界环境进行物质或者服务交换时，都会引致资源在价值单元网中的整合和运筹，此过程不断共享与更新知识源使设备制造商与超级网络组织之间形成共生、迭代且进化发展的生态系统。个体与组织将全部知识与资源上传到平台中，参与整合的知识元均是面向客户需求的，因此具备天然的优胜劣汰机制特征。由利益共同体构成的整个系统，自我经营、自我驱动，互联分享下形成的多赢局面又进一步优化了平台系统，其通过快速迭代重塑商业模式并再造 GVC。

6.2.3　新治理形式下的重构式 GVC 升级

装备制造企业通过去产品化—密集与整合—扩张与核聚的系列机制改变了装备制造企业所在 GVC 上主体拥有、使用与输出资源的方式，塑造了 GVC 价值创造和分配的结构与特征，更新了企业所在全球价值链的治理结构。本书从重构策略和网络效应两方面构建新治理形势下的重构式 GVC 升级。

1. GVC 重构策略

以装备制造企业为核心的新全球价值链网重构涉及三个方面的策略转变，分别为市场重心转变、战略重心转变和战略格局转变。

（1）市场重心转变。依据前文所述，全球价值链的价值观已逐渐由产品交换向价值交换转变，因此，才有链网重构型 GVC 升级路径下新价值链网的核质—服务价值主张。服务价值主张突出了市场需求的重要性，关注的重点是对市场需求的解读、满足以及引领。在以往的全球价值链中，市场需求多来源于国外市场，由于产品设计、品牌营销也多靠近市场来源端，因此，我国只能被迫锁定在生产制造等低附加值价值环节处。同时，这一嵌入位置也十分脆弱，很容易被全球价值链的链主企业替换掉。而且逆全球化趋势下，我国很难利用外部市场消化产能，或者依托外部市场需求信息进行产品的设计与品牌的开发。但是，装备制造企业多为巨型企业，并且本身具备跨国公司基因，同时还较多涉猎 GVC 上与制造相关的核心技术环节，因此有成为价值链高端治理者的基本潜质。一旦优质的装备制造企业通过市场情景占据了服务价值主张核质的中心位置，将非核心环节在全球范围内进行发包，就能实现对所在网络其他企业的控制。除此之外，市场需求具有虹吸全球科技创新资源与先进生产要素的能力，为全球先进要素创造了巨大的发展机会。基于前文分析可知，掌握服务价值主张核质的企业往往同时掌握着系统服务平台。而我国信息化、数字化新兴产业发展迅速，因此完全可以依托平台力量，发展逆向外包。此时，全球智力资源都将向新系统聚拢，并在基于服务价值主张网络的扩散与核聚机制作用下，进一步解读国内市场，并完成向国外市场的扩张。由此可见，市场需求意味着价值创造的机会，市场重心转变意味着市场机会来源的转变。而国内市场需求是我国装备制造企业价值增值的来源、是创新与变革的依据。因此可以考虑通过挖掘市场内需带动企业 GVC 升级。

（2）战略重心转变。链网重构升级路径下的装备制造企业的战略重心不再像前三条路径，只关注企业自身的优势要素并尽可能发挥优势，链网重构型 GVC 升级路径下，企业可以吸纳更多市场外部优势完成自用，因此其重心转移到对全球价值链的控制上。此时企业的战略重心应关注：一是推进新兴产业技术的应用；二是推进机器换人，带动链网升级、组建，使生产制造实现规模化、范围化；三是培育各类高级服务业务或引进大量服务提供商，将新兴产业更好地根植入生态系统，并持续发挥高级要素引领系统升级、更新的作用。

（3）战略格局转变。链网重构升级路径是企业以链网高级化、现代化为主要建网目标，构建的国内外大循环格局。装备制造企业升级的最基础目的是扭转目前一般性产能过剩和高端产能的不足等失衡问题。但若要完全解决这一问题，需要跳出被原 GVC 支配的处境，组建新的 GVC。关键环节、重要技术、核心产品长期被"卡脖子"，是高端产能不足的直接原因。因此，技术创新仍是战略的重心，链网高级化是装备制造企业战略格局转变的关键内容之一。除此之外，过于依赖外部需求市场，将使企业无法更改被动接单的局面，而对需求市场的理解需要现代化的组织管理策略，尤其是要形成产学研政和大中小企业之间的联合，引导上下游企业进行联合。因此，面向需求市场组建强大的服务生态系统是企业 GVC 升级的另一战略重心，即链网现代化。最后，企业的长远发展一定是参与国际大循环的，但需要牢牢把握链网核质才能不被链网系统淘汰，核质掌握在市场需求端，因此引导并挖掘国内需求是把握服务价值主张核质的关键。较优质的装备制造企业应该担负起构建高级化、现代化产业链的重任，即唯有一部分优质装备制造企业的格局转变，我国产业的发展境遇才能转变。这不仅给产业带来新的生机，同时也为企业自身创造了竞争优势与利润来源。

2. 网络效应

网络效应是对服务价值主张的动态响应机制，也是一种跨界协同机制，它使企业与利益相关者的竞争关系变成了合作关系，价值获得倍增效应。网络扩散和网络聚核是影响网络效应的一对双元能力，因此扩网机制与聚网机制共同决定了采取此路径下的装备制造企业产生的网络效应程度。第一，基于服务化的价值链网重构塑造的规模经济与范围经济能够分担产品与服务的开发成本和费用。第二，基于服务化的企业间联盟动机均是"为客户创造超额价值"，在目标一致的基础上，协作主体间冲突某种程度上得到化解。第三，通过跨产业、跨企业异质性知识的渗透与转移，企业自身知识缺陷被弥补，知识共享产生的相互促进与多方受益关系将进一步黏合联盟关系。第四，链网重构形成的动态与开放性体系可为关键技术的持续性改进提供良性环境，这也解决了技术引进的一次性与间断性问题。

6.3　链网重构型 GVC 升级路径运行

装备制造企业链网重构型 GVC 升级路径具备"网络中的网络"的基本特征。不仅在大规模的网络系统中存在不同类型网络相互交织的问题，甚至还存在网络中还包含着网络的问题，属于非一般的复杂网络。因此，多重网络作用下的网络效应决定了链网重构型 GVC 升级路径能否最终实现，影响以装备制造企业为核心的超网络运行的因素是影响装备制造企业在此路径下实现 GVC 升级的关键因素。本书从路径运行的网络效应分析、超网络模型构建和结果分析对链网重构型 GVC 升级路径的运行进行了系统的设计。

6.3.1　运行的网络效应分析

链网重构过程即以装备制造企业为核心的跨产业组织与客户形成的知识网络间交互协同的过程。在服务平台支撑一下，以装备制造企业为中枢神经的整个企业组织间形成的关系网络，由服务平台上传的一切服务封装的知识单元组成的交互网络，以及需求市场客户间的关系网络，共同构成了系统运行的基础网络。装备制造企业作为服务价值主张提出者与核心价值单元掌控者，很大程度上决定着网络组织的稳定性、运行效率、网络竞争力以及价值增值的广度与空间。因此，复杂网络运行情况实质上反映的是装备制造企业对 GVC 的治理效率与结果，也是装备制造企业在 GVC 上的升级结果。装备制造企业作为平台领导者，如何维护组织关系、维持并扩展自身地位、如何促进价值单元的知识共享并形成知识创新，以及如何提高客户忠诚度并扩大目标市场，都是其通过链网重构路径完成升级需要思考并解决的问题。因此，链网重构型 GVC 升级路径的运行过程是组织网、知识网和客户网各内部及网络间发生互联共享的过程，这一过程可以提升以装备制造企业为核心的组织运行效率、促进知识分享与创新、提高客户的参与度，并确立装备制造企业平台领导者的 GVC 治理地位。链网中其他相关企业在组织协同过程中也参与了价值单元的转移与交互，也是网络中至关重要的角色，它们对网络的依赖程度，参与共享的积极性都是影响网络运行的关键要素。反过来，对合作企业而言，当其价值单元参与配置时，合作企业也获得了价值增值，同时原价值单元还将得到改进，甚至产生了创新。客户在这一过程中的获益情况则更是显而易见，不仅获得了与其需求相关的更多产品与服务价值，同时，在服务平台作用下，客户与企业各自知识单元在知识网络层面产生交互与整合时，也提高了客户认知。客户认知又可以进一步更新客户知识网与客户忠诚度，将循环作用于多层次网络，形成良性的循环影响通道。

综上所述，链网重构路径下，装备制造企业作为链主企业进行新价值网络的重构，平台领导者占据 GVC 治理地位，拥有更多话语权并参与重要规则的制定，因此也获得更多附加值。更重要的是，新链网中相关企业和客户在一起参与价值单元配置、交互与整合时，也通过附加值提升、价值单元改进、价值共创获得了价值增值，因此网络中的每一成员、每一单元都在网络运行过程中获得知识更新并重新作用于此网络，形成了良性的循环影响通道，创新得以涌现。此时，以装备制造企业为核心的网络持续扩散与聚核，组织中其余"卫星"企业围绕装备制造企业进行价值分享与创造，整个网络获得升级，装备制造企业地位也得以正式建立并获得巩固。在服务平台和装备制造企业核心能力共同作用下，装备制造企业链网重构型 GVC 升级路径具备"网络中的网络"的基本特征。超网络理论用于解决在知识类型"模差异"与知识关联"质差异"中的超复杂网络问题，是以节点为网络的网络，并且存在网络嵌套特征，可以用来描述各种网络之间的相互关系，包括同构网络间的多层次关系，也包括异构网络间的交互关系，并且近些年超网络均有涉及在客户网络、知识网络、制造业和社会网络之间的交互关系与共享机制方面的研究。因此本书依据超网络理论，构建了基于组织、客户与价值单元的超网络模型，研究了网络内节点与网络间节点交互过程的演化路径，并探究了影响装备制造企业 GVC 升级的影响因素。

6.3.2　运行的实证研究

依据前文分析，链网重构型 GVC 升级路径的核心是作为链主企业组建

GVC 网络，网络效应大小取决于价值单元间的交互与整合的程度，在开放性与协同性较好、且以"一切皆为服务"为宗旨的 GVC 链网中，价值单元不仅嵌入在知识主体之中，同时在整个网络中扩散。知识是价值单元的最小节点，可以来自企业内部，也可以来自其他企业、关联组织，以及客户，跨组织甚至跨网络的知识来源，使知识节点之间与节点链接关系间都产生了较强的异质性。超网络是复杂的复合网络，包含了不同类型的行为主体、行为主体之间的差异化关系，以及各行为主体在关系中运用的资源和制度，因此，适用于对知识元的研究。

依据前文分析的装备制造企业特征，技术优势和能力使其较易成为协同组织中的核心企业，指挥并调度网络中的其余企业。当装备制造企业要素结构为最优态时，资源与整合的双重优势，不仅使装备制造企业可以调度全球范围内的优质资源，而且决定了网络组织的稳定性、运行效率、获得优势的空间大小。因此，影响以装备制造企业为核心的超网络运行的因素即影响装备制造企业链网重构型 GVC 升级路径实现的关键因素。本书通过超网络模型构建和共享过程模型构建对链网重构型 GVC 升级路径运行进行了设计。

1. 超网络模型构建

本书涉及的超网络模型中主要涉及组织、基于知识的价值单元和客户三个主体。他们相互之间的联系如下：一是价值单元与价值单元之间存在领域相关性关联关系；二是客户与客户间存在着模仿关系；三是组织与组织间存在着网络交互关系；四是价值单元与组织之间存在被掌握和掌握的联系；五是组织和用户存在着所有与被所有的关系。参考席运江等对超网络的构建方法，对由价值单元子网络、组织子网络、客户子网络组成的超网络模型进行了构建。

（1）价值单元子网络。价值单元形成阶段，首先要确认超网络内产生的价值单元集合。价值单元网络是跨组织超网络的核心网络，用来描述组织价值单元之间的相互关系，被称为 U－U 网络。能用价值单元表示的都是由显性知识构成的，依据 H. 莱特富特，T. 贝恩斯和 P. 斯马特（H. Lightfoot and T. Baines and P. Smart，2013）以及孟庆敏和梅强（2011）等服务化下的装备制造对知识单元的要求，生成跨产业的价值单元节点 units，价值单元作为基本元素构成了客户网络与组织网络链接的纽带。价值单元点集为 $U = \{u_1, u_2, \cdots, u_3\}$，组成的点集每个节点涉及两个变量，一个变量决定价值单元的种类 kind，一个变量决定该知识节点的储量 stock，$S(U) = \{S(u_1), S(u_2), \cdots, S(u_n)\}$，每个单元中的知识存量小于常数 λ，当知识节点的储量超过 λ 时价值单元将被更新。初始状态下，先生成 100 个知识节点，然后按照价值单元随机给价值单元的 kind 赋值。初始状态下价值单元内包含的知识存量为 0，后续的其他变量将决定价值单元存量的大小，价值单元节点最终生成为价值单元网络。参考 BC 和 RA 观点动力学模型中用连续数值表示不同类型的观点，按照知识类型距离连接价值单元节点，并在初始链接阶段仅连接类型相近的节点（两个 kind 值差距不大于 θ 的节点），以表示初始阶段价值单元间的关联性，并且当出现新的价值单元时也将以 1~100 的浮点随机数作为其单元类型。

（2）客户子网络。客户的网络是用来描述客户模仿关系的，客户子网络主要由客户节点组成，称为 C–C 网络，客户节点的集合为 $C = \{c_1, c_2, \cdots, c_3\}$。客户与客户的链接（$E_{c-c}$）是客户之间的模仿关系，并且每个客户节点拥有两个变量，分别是客户忠诚度与客户知识列表。客户与组织网内节点链接的边代表客户与企业的关联性，映射关系具有两层含义：一是客户到组织网的映射表示了此客户与哪些企业存在交互关系；二是组织点到客户的映射，表示企业与哪些客户存在交互关系。点连线的边的权重代表了链接的关系强度。表示为 $E_{c-o} = \{(c_i, o_j)\}$ i, j = 1, 2, $\cdots$, n，客户忠诚度 L 且 $0 \leqslant L \leqslant 1$。初始时，让每个客户随机连接 1–P 个价值单元节点，并将该价值单元节点存储在客户知识列表中，客户需求虽然可以类别相似，但认知程度有所区别，因此赋予客户差异化的知识认知程度。

（3）企业组织子网络。组织子网络是用来描述以装备制造企业为核心的机构组织群组间的协作关系的，称之为 O–O 网络。组织网络中是以各跨产业机构组成的点集，集合 $O = \{o_1, o_2, \cdots, o_3\}$ 企业与机构（O）是组织子网络的基本元素。组织网络中的主体主要包括装备制造企业、生产性服务企业（生产服务机构、服务生产机构、科研机构、高校等）、关联企业、其他制造企业等，企业间具有主营业务差异化和跨产业的特征，可为共同完成一个产品或者一个项目产生协作关系。组织中的每个企业都有其各自对应的价值单元列表，虽然组织中有些企业可能拥有相似的价值单元列表，但精专程度有所差别，因此为每个企业相应的价值单元的知识列表赋予差异化的精专程度 ε。企业节点间的链接为 EO–O，如式（6–1）所示，其权重代表了企业间的交互程度。

$$E_{o-o} = \{(o_i, o_j)\}, \ i, j = 1, 2, \cdots, n \tag{6-1}$$

更新价值单元查询者的忠诚度。忠诚度的增加量 ΔL 为查询知识 K_S 与获得知识 K_0 的种类较小值除以两者中的较大值，再乘以知识掌握者 ε_c（controler）对该知识的精专程度，如式（6–2）所示。

$$\Delta L = \frac{\min(K_s, K_o)}{\max(K_s, K_o)} \times \frac{\varepsilon_c}{100} \qquad (6-2)$$

2. 共享过程的模型构建

本书依据前文对该升级路径的构建思路进行了超网络共享过程模型的构建，并将共享过程分为：准备阶段、共享阶段和网络核聚与扩张阶段。

准备阶段，依据价值单元来源进行分类，并建立知识共享的超网络模型，然后由知识需求者向网络中心申请价值单元共享，知识共享网络中心依据请求搜索相关知识节点，若可以定位到知识节点，则完成该知识持有者列表的反馈工作；若无法找寻到知识节点，则寻找其他高度相关的可替代节点，并完成反馈。随着需求者发出共享请求，链接得以完成。

共享阶段，根据 Guimera 的模型，企业或者客户按照 0.1 的概率查询所需要的价值单元类型，服务平台会依据价值单元内知识相关性大小提供一个价值单元节点。具体做法是，确定一个值单元节点，使其知识类型与需要查询的价值单元内知识类型之差的绝对值最小。然后，搜寻该价值单元的拥有者，并将价值单元掌握者集合返回给价值单元查询者。查询者获得价值单元掌握者集合后，根据价值单元掌握者对该知识的精专程度按照轮盘赌算法选择一名知识掌握者，并发出价值单元转移请求。知识查询者向该知识所处价值单元掌握者发出请求后，与该价值单元建立连接，并将该价值单元添加在自己的价值单元列表中，并依据知识转移程度设置自己对这个价值单元知识的精专程度，即学习过程。依据蒋天颖等的方法设置知识转移程度。此时超网络内增加了价值单元查询者与价值单元掌握者之间的互动关系，超网络之间的链接增加。知识掌握者在分享知识的过程中，自己对该价值单元知识的精专程度也会增加，增加程度为 m。如果知识管理系统返回的知识掌握者是知识查询者本身，则价值单元查询者对该价值单元内知识的精专程度也会增加，增加程度为 m，相当于自主解决问题后获得知识增长，此时更新价值单元查询者的忠诚度。忠诚度的增加量 = 查询知识与获得知识的种类较小值除以两者中的较大值，再乘以知识掌握者（即分享者）对该知识的精专程度除以 100。

网络核聚与网络扩散阶段，利用服务平台以装备制造企业为核心的组织网络将产生网络核聚与网络扩散效应。网络扩散指以装备制造企业为核心的企业组织掌握的技术与知识逐渐提高，链接的价值单元范围逐渐变广，有用的客户增加或客户忠诚度增加，因此来源于组织创新与客户扩张两方面。基于 Guimera 生成新节点的方法，与组织内知识创新相关的规则设定如下。（1）若企业节点映射的价值单元所覆盖的知识列表中有大于或等于两项知识的精专度超过阈值 μ 时，企业映射的价值单元将按照 1% 的概率生成新的知识单元节点。(2) 新知识单元节点的种类按照如下规则确定：生成一个类型的价值单元浮点，检查现有价值单元节点类型集合中是否存在该浮点数，存在则继续生成随机浮点数，否则将生成的浮点数作为新价值单元节点的类型。(3) 产生的新价值单元节点在与其创造者产生连接外，还将与其他类型距离不超过 α 的知识节点产生连接。(4) 知识创造者将产生的新知识节点放入自己的知识列表中，并将对应的精专程度赋予 1 – 30 的随机浮点数。与客户裂变的相关规则设定：随着知识超网络的发展，将有新客户会被吸引到网络中。新客户出现的概率 P 与客户平均忠诚度 LC、客户进入系数 β 和知识密度 ρ 相关，知识密度则与现阶段知识节点数 N、知识总量 K 和潜在知识节点数 n 和潜在知识总量 k 相关，概率与知识密度的公式分别表示如式（6 – 3）和式（6 – 4）所示。新客户随机与 1 – p 个价值单元中的知识节点产生连接，并将连接的知识节点作为自己掌握的知识放入自己的知识列表中，并赋予随机的节点认知度。

$$P = \overline{L_c} \times \beta \times \rho \qquad (6-3)$$

$$\rho = \frac{N \times K}{n \times k} \qquad (6-4)$$

在聚核阶段，以装备制造企业为核心的企业组织间交互变强，组织内企业对组织依赖性增强时，企业将发生网络核聚效应，具体体现为以下三个方面：(1) 当其他企业对装备制造企业的链接变强，即依赖性变高时；(2) 当组织内部节点连线变多时；(3) 当组织群对应的价值单元中知识储备上升时，企业将发生网络核聚效应。

6.3.3　运行的仿真结果分析与策略

1. 模型结果分析

本书采用 Netlogo 平台进行仿真分析，模型参数设定如表 6 – 1 所示。在平台中建立了包含 100 个价值单元节点、100 个客户节点和 50 个企业节点的价值单元协同互联的超网络模型，如图 6 – 4 所示。其中绿色节点为价值单元节点，蓝色节点为企业节点，黄色节点为客户节点，客户与企业因价值单元节点而产生联系。节点间的连线代表了同质节点间与异质节点之间存在的关系。

表 6 – 1 模型参数设定

参数名称	符号	数值
企业组织网络节点数	NO	50
价值单元网络节点数	NU	100
客户网络节点数	NC	100
价值单元种类数	KU	100
知识储量的临界值	λ	100
核心企业初始价值单元种类数	kc	10
核心企业初始知识精专度	Sc	50
客户链接的价值单元数量	p	3
组织内其他企业知识精专度	ε	1 ~ 100 随机
初始阶段价值单元链接距离	θ	2
价值单元协同导致的知识精专度增加值	m	10
客户忠诚度成长系数	μ	1.2
潜在知识总量	n	2029
知识转移程度	ω	0.2

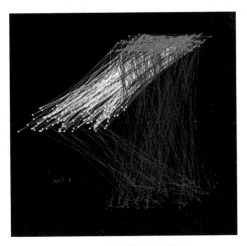

图 6 – 4 超网络仿真模型

资料来源：NETLOGO 软件统计输出。

（1）装备制造企业价值单元知识精专度与其网络治理地位。在以装备制造企业为核心构建的价值网络中，由装备制造企业掌握的价值单元内知识储量越高，知识精专程度越高，装备制造企业的核心地位越容易保持长期稳固，当装备制造企业掌握的价值单元知识精专度提升，即知识存储量增加 20 个单位时，装备制造企业的节点中心度将得到提高，如图 6 - 5 所示，当装备制造企业知识存储量在 50 个单位处时，其核心地位基本得到稳固，表现为核心企业与其他企业的节点中心度、知识类型数以及网络知识储量差值保持稳定。随着装备制造企业价值单元的知识精专度提高 10 个单位，装备制造企业的网络节点中心性提高（与平均企业节点中心性差值变大），同时 Sc 的提高不仅使核心企业的价值单元类型和企业知识存储量在企业组织群中相当长的一段时间内明显占优，还将使整个企业组织网络映射的价值单元种类增加，如图 6 - 6 所示，知识存储量也随之上升，如图 6 - 7 所示。这意味着，当作为组织核心的装备制造企业的知识精专度提高时，不仅其自身的地位在组织网中凸显，整个

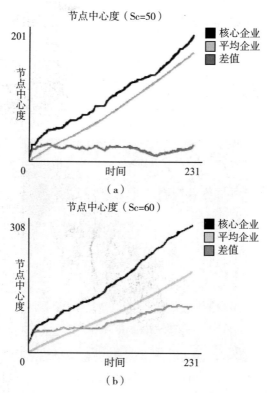

图 6 - 5　Sc 相差 10 个单位时的节点中心度差异比较

资料来源：NETLOGO 软件统计输出。

网络还将一起得到提升与发展，具体表现为网络知识精专度提升与知识创新，这便形成了网络的扩张与核聚，也正是基于此，链网重构型 GVC 升级路径避免了以往俘获型 GVC 下盈利内卷的情况。

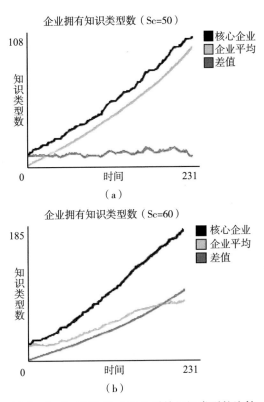

图 6-6　Sc 相差 10 个单位时的知识类型数比较

资料来源：NETLOGO 软件统计输出。

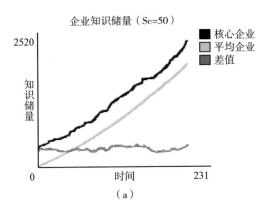

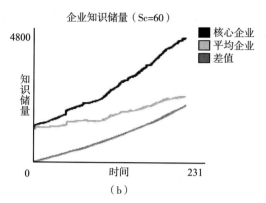

图 6 - 7   Sc 相差 10 个单位时的组织知识存储量比较

资料来源：NETLOGO 软件统计输出。

（2）客户忠诚度与装备制造企业网络治理地位。当客户忠诚度提高时，客户网络节点对价值单元网络中的知识节点的映射加强，如图 6 - 8 所示。这主要是较高的客户忠诚度影响了更多的其他客户与企业建立联系，并产生了更大范围内的知识共享。此时网络中会形成新的知识请求，这使企业本身与被请求企业的知识精专度增加，知识储量增加，当到达一定程度时，将产生新的知识点或价值单元类型，即创新产生。此外客户忠诚度的成长速度也将对组织网络产生影响，如图 6 - 9 所示，并主要表现为对网络扩张效应的影响，当通过价值单元网与企业组织网建立关系的客户网节点的忠诚度成长加快（成长速度增加三倍）时，向价值单元映射将导致价值单元节点网内的知识类别从 108 增加到 134，如图 6 - 6 （a）和图 6 - 10 所示。同时，知识存储量从 2520 上升至 3640，即产生网络扩张效应，如图 6 - 7 （a）和图 6 - 11 所示。

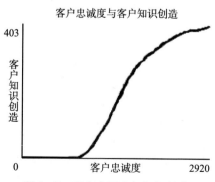

图 6 - 8   客户忠诚度与知识创造

资料来源：NETLOGO 软件统计输出。

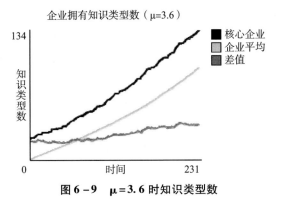

图 6 - 9　μ = 3. 6 时知识类型数

资料来源：NETLOGO 软件统计输出。

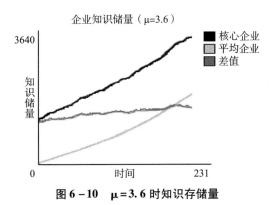

图 6 - 10　μ = 3. 6 时知识存储量

资料来源：NETLOGO 软件统计输出。

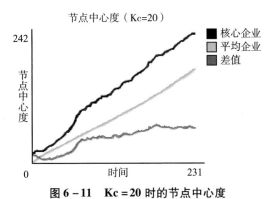

图 6 - 11　Kc = 20 时的节点中心度

资料来源：NETLOGO 软件统计输出。

（3）装备制造企业的价值单元节点多样性与其网络治理地位。当装备制造企业映射的价值单元对应的知识种类增多并明显跨越产业边界时（多于两组价值单元内包含的知识类别的距离大于 10），此时 K_C 增加 10 个单位，装备制造企业在企业组织网中的节点中心性如图 6-11 所示，其较图 6-5（a）有所上升，整个组织网映射的新知识节点数与价值单元知识储量如图 6-12 和图 6-13 所示，与图 6-6（a）和图 6-7（a）相比也有所上升。

（4）装备制造企业的价值单元节点多样性与节点精专度。当装备制造企业映射的价值单元精专度处于较高级别（$Sc \geqslant 80$）时，且以装备制造企业为核心的企业组织映射的价值单元也多为同类别单元（$K_U \leqslant 20$）时，此时核心企业知识存储量上升 10 个单位带来的新知识节点数将远小于价值单元多样性上升 10 个单位带来的新知识节点数，分别如图 6-14 和图 6-15 所示，知识节点数分别为 630 和 887。

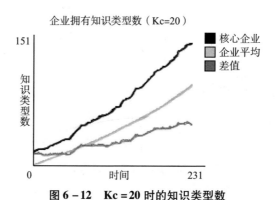

图 6-12　Kc = 20 时的知识类型数

资料来源：NETLOGO 软件统计输出。

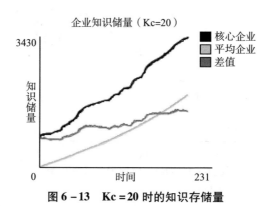

图 6-13　Kc = 20 时的知识存储量

资料来源：NETLOGO 软件统计输出。

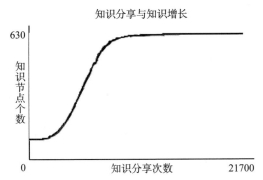

图 6 – 14　价值单元知识存储量增加 10 个单位时的知识节点数

资料来源：NETLOGO 软件统计输出。

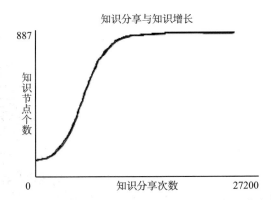

图 6 – 15　价值单元类型增加 10 个单位时的知识节点数

资料来源：NETLOGO 软件统计输出。

2. 路径运行策略

通过对网络共享互联式升级路径下超网络运行模型的构建与分析，得到五个结论及管理策略。（1）装备制造企业掌握的价值单元的知识精专程度将决定企业的网络地位，因此装备制造企业需要密切关注自身精专度高的价值单位，注重此类知识或者技术的发展与产权保护，以此保证此类价值单元在企业组织网络中的核心地位。（2）依据结论客户忠诚度可影响价值创造这一结论，企业群需要与客户建立更深入的沟通渠道，真正将客户看作价值创造的重要部分，来增强客户的协同意愿并提高客户的认知，客户对价值单元的影响将通过企业组织返回到价值单元创新层面，使互联下的知识创新得以涌现。（3）客户忠诚度成长速度将决定装备制造企业是否能够在 GVC 中获得治理权力，当基于服务平台并以装备制造企业为核心的企业群建立后，装备制造企业需要把服务价值主张作为企业组织的群体文化，并及时、广泛、全面地贯彻下去，以在短时间内争取客户对平台组织的依赖性与忠诚度，一旦客户忠诚度全面迅速地上升，装备制造企业 GVC 链主企业地位将得到巩固。装备制造企业可以通过投入产出服务化手段借助地理优势大力发展国内市场，抓住客户忠诚度成长窗口，并以稳固的网络核聚与扩张效应辐射 GVC 网络。（4）超网络运行中，核心企业的价值单元节点多样性将影响装备制造企业网络治理效果，从而影响其对 GVC 的重构，因此，双高型装备制造企业若想完成 GVC 重构，在保证核心能力竞争力的同时，还应尽量拓宽知识领域，增加价值单元种类多样性，这将是企业获取可持续的 GVC 治理权力的重要手段。（5）当以装备制造企业为核心的企业虚拟组织掌握价值单元处于成熟期时，相比于大量投入价值单元内知识的精专度建设，对价值单元节点多样性建设将带来更多创新，组织网络稳定性也将更强。

6.4　本章小结

本书分别从路径内涵与构建思路、构建、运行三个方面对链网重构型 GVC 升级路径进行了剖析。第一，从路径的内涵、特征和升级构建思路三方面详细地进行了路径分析。第二，从资源液化、共享互联系统和新链网重构三个方面对链网重构型 GVC 升级路径进行了具体构建。第三，依据路径运行的网络效应分析，构建了以装备制造企业为核心的超网络模型，对超网络模型运行过程中涉及的知识共享、知识转移等机制和关键要素结果进行了揭示，并以此提出了链网重构型 GVC 升级路径运行的实施策略。

第 7 章　基于服务化的装备制造企业 GVC 升级路径选择和保障策略

本书依据第 2 章基于服务化的装备制造企业 GVC 升级机理等相关结论设计了路径选择思路，构建了选择指标体系。以此为基础，基于熵—TOPSIS—K－means ++ 组合法对升级路径选择进行了系统设计，并得到路径选择实证结果。最后，形成了基于服务化的装备制造企业 GVC 升级路径保障策略。

7.1　基于服务化的装备制造企业 GVC 升级路径选择

本书以第 2 章中 "基于服务化的装备制造企业 GVC 升级机理" 为依据设计了升级路径选择思路，并分析得到 "升级路径选择的根本是判定装备制造企业所属哪种要素结构" 这一路径选择核心问题。基于此，本书基于熵—TOPSIS—K－means ++ 方法对基于服务化的装备制造企业 GVC 升级路径选择方法进行了总体设计，并得到相应实证结果。

7.1.1　路径选择思路

由第 2 章分析可知，服务化过程通过影响企业价值逻辑演化进程影响企业的组织惯例，进而影响企业 GVC 升级能力的动态演化过程。基于此过程分析，并结合扎根理论方法，本书识别了三个影响装备制造企业基于服务化的 GVC 升级关键要素，分别为 "环境条件约束" "组织协同能力" "服务资源整合能力"。由扎根理论结果可知，其中 "组织协同能力" "服务资源整合能力" 是影响升级的两个企业能力要素，"环境条件约束" 为外部约束要素。企业 GVC 升级强调的是通过破解环境压力，实现可持续的企业动态能力提升。由此可见，升级路径构建目标的关键是形成企业动态内生的比较优势。因此，重点应考虑企业的内部要素对企业 GVC 升级基础路径的影响。外部要素"环境条件约束"并非不影响装备制造企业 GVC 升级路径，只是不影响以企业自主能力为主的基础升级路径的划分，而是通过影响企业 GVC 升级的空间或某一路径下的具体情境影响企业 GVC 升级。因此，本书将"企业组织协同能力"与"服务资源整合能力"作为影响企业 GVC 升级基础路径划分的关键驱动因素，同时也作为基础路径选择的关键要素。

当装备制造企业 GVC 升级路径以"服务资源整合能力"和"企业组织协同能力"两个要素作为路径划分的基本依据时，要素的水平某种程度上代表了企业 GVC 升级的进程，决定了企业 GVC 升级路径的层次与阶段。因此，推动关键要素提升即推动了装备制造企业的 GVC 升级。然而，企业要素的基础水平各异，在资源有限性和 GVC 升级时效性的背景下，关键驱动要素难以同步实现提升，往往会依据企业资源与能力差异，形成差异化的要素结构，从而导致要素水平的提升顺序也具有差异性。基于以上分析，本书以"关键要素结构—企业 GVC 升级阶段—企业 GVC 升级路径"的路径设计依据得到了装备制造企业 GVC 升级路径的可选类别，分别为双低要素结构下的价值点拓展型GVC 升级路径、一高一低要素结构下的核心点位跨越型 GVC 升级路径、一低一高要素结构下的价值环节延展型升级路径，和双高要素结构下的链网重构型GVC 升级路径。

依据以上路径选择思路，本书设计了升级路径的选择流程，如图 7-1 所示。首先，依据前文得到的关键影响要素完成指标体系构建，即进行要素内各指标水平测度，并确定各评价指标权重。其次，依据一定方法对企业组织协同能力和服务资源整合能力分别进行要素评价，并依据要素评价结果完成路径选择。

7.1.2　指标体系构建与方法组合

1. 指标体系构建

依据第 2 章扎根理论编码结果得到的要素维度，得到路径选择的变量与指标构成，如图 7-1 和表 7-1 所示。其中，企业组织协同能力的构成维度为：组织文化塑造、组织惯例、组织制度构建。服务资源整合能力的构成维度为：服务资源汲取、服务融合、服务延伸与创新。

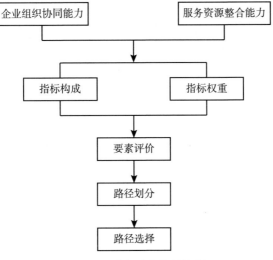

图 7 - 1　升级路径选择流程

表 7 - 1　　　　　　　　　　升级行为驱动要素指标构成

变量		指标
升级行为要素	企业组织协同能力	组织文化塑造
		组织惯例
		组织制度构建
	服务资源整合能力	服务资源汲取
		服务融合
		服务延伸与创新

2. 方法组合

由前文可知，如何判定案例企业两个关键要素的结构形态是进行路径选择的核心问题。本书通过分析基于服务化的装备制造企业 GVC 升级路径选择的特征，基于熵—TOPSIS—K - means ++ 法对升级路径选择进行了系统的设计。

通过前文分析，基于服务化的装备制造企业 GVC 升级具有多元化与多属性特征。第一，多元化特征。服务化战略是实现装备制造企业 GVC 升级目标的重要手段，由前文可知，基于服务化的装备制造企业 GVC 升级并非以单独一个指标为升级的判断基准，其注重企业组织协同能力和服务资源整合能力的协调发展，即升级路径选择指标的多元化。这一多元化主要表现在指标的双重性上，同时指标的维度也具有多样性特征。第二，多属性特征。根据前文分析可知，路径选择涉及企业组织协调能力和服务资源整合能力两方面指标，而两种能力的维度与衡量标准各不相同，因此是多属性多指标的决策问题。这一问题的解决关键除了需要考虑各维度测量标准外，还需要衡量各个维度的相对重要程度，并给出各维度下的综合评价结果。

基于以上分析，为避免主观判断指标维度重要程度带来的评价结果偏颇等问题，本书需采用多目标多属性决策方法进行各指标维度间的权衡、分析与评价。常见的此类决策方法有 TOPSIS 法、层次分析法、主成分分析法、多属性群决策法、基于梯度下降寻优法等。然而，基于前两种方法的赋权给予了主观评价较大权重，无法摆脱明显的主观性特征，同时当评价指标相对重要性不明显时，结果的准确性也难以保证。而主成分分析法不仅需要一定规模的样本量，同时还要求评价指标数据分布符合相应的形态特征，因此应用范围有限。多属性群决策法由于对信息量较大的评价指标筛选效率差，导致了较低的可操作性。而例如 BP 神经网络等基于梯度下降寻优等算法对样本进行处理时，会产生较差的预测精度。

在以上方法中，TOPSIS 由于多用于解决原始数据信息条件下的目标决策问题，尤其适用于解决有限方案的多目标问题和总结路径差距等问题。因此，在处理本书研究的问题时具有较明显的优越性，除了其在处理多目标评价时的简便与直观性优势，此方法还可以忽略由于样本数量导致的评价精度下降问题，也不存在严格的样本形态限制等问题。但为了解决主观性对路径选择评价结果的干扰问题，本书采用熵权－TOPSIS 方法对传统 TOPSIS 进行改进。由于熵权法是通过测度指标变更度所呈现的信息量大小来客观计算离散随机变量指标权重的，并且信息量越大时决策精度越大，因此能客观又充分地利用数据自身信息，使评价结果更加客观、准确。熵理论下，同一指标在不同情况下的数值差异被体现出来，数值有序度越高，熵值就越小，指标优先级越大，应赋予的权重就越大。因此，本书将 TOPSIS 法与熵权法结合使用进行指标的权重确定。

在指标权重确定后，依据前文分析，本书还需要依据两个关键要素结构对得到的四类路径进行路径水平划分。为避免均分对路径特征表征造成偏差的问题，本书考虑借助 K－means 算法的基本理论进行路径的聚类划分。K－means 算法是数据挖掘最经典的聚类算法，它是一种基于相似性的无监督学习算法，主要手段是依照样本距离完成簇集合的类别划分。本书有四条路径，因此存在四个聚类中心，将各案例分配到离它们最近的聚类中心所在类别中，并对聚类中心进行不断的迭代更新。然而，初始聚类中心选择的随机性使结果对初始点的设定十分敏感，因此本书使用 K – means ++ 聚类算法对传统 K – means 算法进行修正，K – means ++ 聚类算法一方面继承了 K – means 算法的基本原理，另一方面由于 K – means ++ 聚类算法中下一个聚类中心是距离节点中心点最远的点，因此避免了初始值对结果影响较大这一问题，显著改善了分类结果的误差。

7.1.3　路径选择评价

本书从基于组合方法的定量路径选择评价和定性综合评价两部分对路径的选择进行评价。

1. 定量评价

依据以上分析，本书基于熵—TOPSIS—K – means ++ 组合方法的服务化下装备制造企业 GVC 升级路径选择评价如下：

首先，针对两个关键要素进行专家打分，并对得到的评价指标原始数据进行归一化处理，得到比重 x_{ij}，如式（7 –1）所示：

$$x_{ij} = \frac{r_{ij}}{\sum\limits_{i=1}^{n} r_{ij}}, \ i = 1, 2, \cdots, m \tag{7-1}$$

其次，基于以上公式，第 j 个指标的信息熵如式（7 –2）所示，其中 k 为波尔兹曼常数：

$$H_j = -k \sum\limits_{i=1}^{n} x_{ij} \ln x_{ij}, \ j = 1, 2, \cdots, M \tag{7-2}$$

依据信息熵，可以得到第 j 个评价指标的权重计算公式如式（7 –3）所示：

$$w_j = \frac{1 - H_j}{m - \sum\limits_{j=1}^{m} H_j}, \ j = 1, 2, \cdots, M \tag{7-3}$$

基于 TOPSIS 法对两个要素进行评价的具体步骤如下：

首先，得到加权决策矩阵 Z，如式（7 –4）所示：

$$Z = (z_{yy}) = (w_j x_{ij}) = \begin{bmatrix} w_1 x_{11} & w_2 x_{12} & \cdots & w_M x_{1M} \\ w_1 x_{21} & w_2 x_{22} & \cdots & w_M x_{2M} \\ \cdots & \cdots & \cdots & \cdots \\ w_1 x_{N1} & w_2 x_{N2} & \cdots & w_M x_{MM} \end{bmatrix} \tag{7-4}$$

其中：x_{ij} 是无量纲决策矩阵元素。

其次，得到正、负理想方案 Z + 和 Z -，如式（7-5）和式（7-6）所示：

$$Z^+ = \{z_1^+, z_2^+, \cdots, z_N^+\} = \{(\max_i z_{ij} | j \in K_b)(\min_i z_{ij} | j \in K_c)\} \quad (7-5)$$

$$Z^- = \{z_1^-, z_2^-, \cdots, z_N^-\} - \{(\min_i z_p | j \in K_b)(\max_i z_{ij} | j \in K_c)\} \quad (7-6)$$

再次，得到各个方案到正、负理想解的距离，如式（7-7）和式（7-8）所示：

$$S_i^+ = \sqrt{\sum_{j=1}^{M} (z_{ij} - z_j^+)^2} \quad (7-7)$$

$$S_i^- = \sqrt{\sum_{j=1}^{M} (z_{ij} - z_j^-)^2} \quad (7-8)$$

最后，为避免正、负理想点距离较近的问题，本书运用理想方案贴近度计算得到评价对象的重要度得分，如式（7-9）所示。理想方案贴近度的大小决定了节点的重要程度，按照贴近度值排序即完成熵-TOPSIS 多属性决策过程。

$$C_i = \frac{S_i^-}{S_t^- + S_i^+}, \quad i = 1, 2, \cdots, N \quad (7-9)$$

接下来将依据前文的两个关键要素结构，对得到的四类路径进行基于 K-means++ 聚类算法的路径水平划分，具体算法步骤如下：

第一步，从企业点集式（7-10）中选取一个聚类中心 a_1，并以初始 k = 1，最大迭代次数 N 进行簇划分，簇划分 A 如式（7-11）所示：

$$D = \{x_i = (C_i, P_i^e), \cdots\} \quad (7-10)$$

$$A = \{A_1, A_2, \cdots, A_k\} \quad (7-11)$$

第二步，计算每个节点与当前已选最近聚类中心之间的最短距离，如式（7-12）所示：

$$D(x_i) = \text{argmin} \| x_i - a_r \|_2^2 \quad r = 1, 2, \cdots, k_{selected} \quad (7-12)$$

第三步，计算每个节点被选为下一个聚类中心的概率 $\sum_{x \in X} D(x)^2$，此时选择概率最小的 a 作为下一聚类中心，并按照轮盘算法直到 k = K 时，得到 K 个初始聚类的簇为止。

第四步，将 a 放置到与其综合相关度最大的聚类中心所在分类中。

第五步，重复第二步直到选出 K 个聚类中心 $a = \{a_1, a_2, \cdots, a_k\}$。

第六步，针对每个节点 x_i，计算它到 K 个聚类中心的距离，公式如式（7-13）所示，并将其分配到距离最小的聚类中心对应的类 λ_i 中，同时更新簇，如式（7-14）所示：

$$d_{ij} = \| x_i - a_r \|_2^2 \quad (7-13)$$

$$A_{\lambda_i} = A_{\lambda_i} \cup \{x_i\} \quad (7-14)$$

第七步，针对每个类别 a_j，重新计算它的聚类中心如式（7 - 15）所示：

$$a_j = \frac{1}{|A_j|} \sum_{x \in A_j} x \qquad (7 - 15)$$

第八步，重复第三到五步直到聚类中心位置不再变化。

第九步，输出最佳聚类结果，如式（7 - 16）所示：

$$A = \{A_1, A_2, \cdots, A_k\} \qquad (7 - 16)$$

依据前文路径划分的基本思路，由企业组织协同能力和服务资源整合能力两个关键要素构建的企业要素结构可知，基于服务化的装备制造企业 GVC 升级被分为四条基本路径，如图 7 - 2 所示，本书运用 SPSS22 软件对本书收集的装备制造企业案例进行了聚类分析，并基于聚类算法将四条路径状态聚类在"低—低、低—高、高—低、高—高"四个区域内。

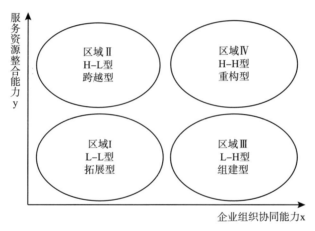

图 7 - 2　装备制造企业 GVC 升级路径选择

2. 综合评价

除以上基础路径选择区域外，本书需要对三种情形做特别说明。（1）"环境条件约束"要素作为另一个影响升级的关键要素，虽不作为基础路径划分的依据，但仍对企业升级行为产生影响。最常见的是影响了基础路径的进一步划分。除此之外，当某一维度的环境条件约束出现极端变化时，例如技术革命、竞争环境骤变、政策转变等导致原规则下选择的升级路径被阻隔，此时应首先考虑选择同层级的其他升级路径，再降级选择低层次升级路径。（2）当企业驱动要素水平相当，即企业关键要素水平落在路径划分的边界位置时，企业可以依据自身资源与能力选择最高效、成本最低的要素进行提升。（3）若企业属于存在多条价值链且服务场景差异性较大的集团性质企业时，即使要素结构处于较高层次，也可以依据服务情境分别选择升级路径，或者在条件允许的情况下，整合情境，完成更高层次的升级。

7.1.4　路径选择实证分析

本书选前文用过的 24 家装备制造企业作为调研样本进行 GVC 升级路径选择实证研究，其中包括 6 家电气机械及器材制造企业，5 家通用设备制造企业，6 家汽车制造企业，3 家计算机、通信与其他电子设备制造企业，2 家专用设备制造企业和 2 家仪器仪表制造企业。经过调研与分析，这些装备企业中有 5 家采取的是价值点拓展型 GVC 升级路径，分别为 I、J、R、V、S；有 7 家企业采取的是核心点位跨越型 GVC 升级路径，分别为 B、C、D、E、G、M、Q；6 家企业采取的是价值环节延伸型 GVC 升级路径，分别为 A、H、L、O、P、W；有 5 家企业采取的是链网重构型 GVC 升级路径，分别为 F、N、T、K、U。通过专家对三个基于服务化的装备制造企业 GVC 升级影响因素的评价分数可知，除企业 F、J、S 以外，其余企业的升级路径选择结果均符合其驱动要素结构，因此着重考虑环境条件约束要素对这三个企业升级路径选择的影响。J 企业具有明显的装配产品特征，涉及的制造规模较大，并能够独立地为客户提供效用，其服务资源整合能力与组织协同能力均较强，但其所在装备制造行业的 GVC 同时具有低技术进入门槛与高标准化特征，行业高端市场被垄断，J 企业所处的 GVC 地位与竞争环境使该行业客户转变传统观念的周期较长，因此企业现阶段采取了低一层级的价值链延展型 GVC 升级路径，通过子链螺旋突破核心主链环节等策略完成其基于服务化的 GVC 升级。F 企业虽然服务资源整合能力与组织协同能力均处于中等水平，但"碳中和""碳达峰"环境约束下，政府驱动对企业的 GVC 升级与发展构成了起决定作用的正外部环境效应。因此，在环境、政策加持下，企业最后定位于链网重构型升级路径。S 企业虽服务资源整合能力不高，但却具备一定的企业组织协同能力优势，但其在制造业回流和疫情的双重冲击下，受需求市场与中间品供应影响较为明显，出口关税上涨幅度较大，将近 7 个百分点，因此，即使企业组织协同能力较强，也难以通过价值链延伸的 GVC 升级路径实现企业发展，最终企业只能选择低一层次的 GVC 升级路径，即基于国内需求布局细分市场，通过价值点拓展型升级路径实现企业的 GVC 升级。以上案例再次证明了环境条件约束当达到一定程度时，也可能影响企业的路径选择，企业还需具体情况具体分析，选择出更适合自身发展的 GVC 升级路径。

　　各装备制造企业节点计算结果，如图 7 - 3 上的各节点位置所示，同时，本书依据聚类结果实现的节点区域划分，得到最佳聚类分布结果，也反映在图 7 - 3 上，即将服务资源整合能力 y = 0.4，和企业组织协同能力 x = 0.4 粗略划定为 GVC 升级路径分类阈值。这一阈值既可为基于服务化的装备制造企业提供 GVC 升级路径选择依据，也为其他装备制造企业迅速进行基于服务化的 GVC 升级路径归类提供了实践指导。除了要素结构符合路径划分结果的 20 家企业以外，受特殊的环境条件约束因素影响的 J、F、S 三家企业的路径聚类结果也符合前文的案例情况分析结果。因此，聚类结果符合装备制造企业基于服务化的 GVC 升级路径的实际状况，聚类模型有效。

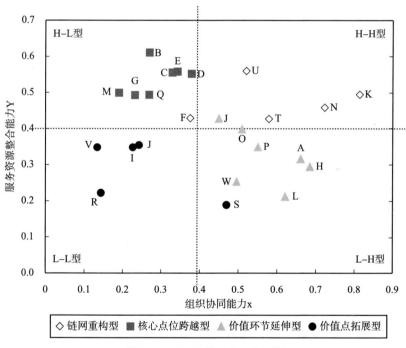

图 7 - 3　GVC 升级路径分区图

7.2　基于服务化的装备制造企业 GVC 升级的保障策略

　　依据第 2 章基于服务化的装备制造企业 GVC 升级机理可知，企业动态可更新的自主能力是影响装备制造企业 GVC 升级的关键。企业实现 GVC 升级需要制定"战略决策—战略管理—战略实施"的企业内部升级保障策略，主要包括组织保障、资源保障、技术保障等。环境因素作为企业 GVC 升级路径的重要前置条件与支撑，良好的环境保障能够强化与推动企业 GVC 升级的实现。因此，本书从企业内部保障与环境保障两方面设计基于服务化的装备制造企业 GVC 升级路径保障策略，其中内部保障包括组织、资源和技术三个主要部分。

7.2.1　基于服务化的装备制造企业 GVC 升级组织保障

组织保障是基于服务化的装备制造企业 GVC 升级实现的前提，基于前文可知，服务化过程也是多种链际间关系的网络协同过程，企业的升级实现需要连通企业内外部更多环节、部门以及主体。因此设计以客户为中心的价值导向、制定链接外部主体的组织协同制度和培育开放创新的组织文化都是促进装备制造企业组织柔性形成与持续优化的重要保障。

1. 设立以客户为中心的组织观念

根据前文得到的结论，基于服务化的装备制造企业 GVC 升级是多元逻辑指导下的升级，升级过程得以演化依靠的是服务主导逻辑的不断强化与深入。企业需要转变战略思维，从面向产品生产逐渐转向为客户提供价值，并以此作为支配企业行为的重要依据。以客户需求作为企业价值逻辑的起点，依据客户需求的多样性与动态性特征，面对市场及外部环境时刻保持开放，并展开频繁且高效的客企与两业内企业间的互动，以此促进企业的客户需求感知与满足能力。因此，企业需要设立以客户为中心的组织观念以完成企业战略思维的转化。

2. 链接外部主体的组织协同制度

服务部门、其他相关联企业与组织均是装备制造企业 GVC 升级的相关主体要素，主体间的协同效率直接影响装备制造企业在 GVC 上的升级效果，因此是企业 GVC 的升级基础。装备制造企业 GVC 升级过程中涉及的协作主体数量多且关系复杂，利益分配、风险分担等均是协作过程中需要考量的重要问题。规范的协作契约、良好的协同机制将更好地维护协作主体间的组织关系。链接外部主体的组织协同制度建立需要有利于信任关系的形成与协同机制的构建。良好的信任关系将降低组织面临的风险，更容易产生创新，而科学的协同机制将有效消除主体间互动时产生的矛盾与冲突，强化协同创新的连续性与一贯性。

3. 培育开放创新的组织文化

组织文化是基于服务化的装备制造企业实现 GVC 升级的另一个重要保证。

在基于服务化的 GVC 升级过程中，公司的业务范围、组织设计和流程都发生了不同程度的变化，开放创新的组织文化下，企业将更易形成符合企业能力与发展方向的组织设计和架构。开放创新的组织文化需要依托企业家精神这一核心动能，包括企业管理者指引企业创新发展的号召力与感染力，以及与企业发展相关的所有企业内人员共同打造的创新型与开放型的企业文化氛围以及持续学习、自我革命的创新理念。企业需要给予跨界融合行为与创新成果充分的肯定，调动员工对组织变革和创新尝试的积极性，促使员工主动求变，持续探索新的跨界模式。尊重人才，崇尚创新、弘扬科学创造精神，以员工使命感为内驱力，自觉形成循环可持续、开放且创新的企业组织文化氛围，并引导企业基于服务化的 GVC 升级行为。

7.2.2　基于服务化的装备制造企业 GVC 升级资源保障

为了满足基于服务化的装备制造企业 GVC 升级路径实现的效率和质量要求，企业要从资源的获得性、匹配性、先进性、成熟性等方面实施资源保障，并主要涉及人才的培育与交流、通信网络与信息化建设两个方面。

1. 加强人才培育与交流

基于前文可知，基于服务化的装备制造企业的人才引进、吸纳、培育、使用与激励需要以打造"世界一流""中国智造""工匠精神"为蓝本，为实现跨产业融合与创新提供人力资本支撑。基于服务化的装备制造企业需要同时兼顾"以产品链接的客户使用价值"和"以服务链接的客户体验"，跨产业资源应用特征十分明显，随着服务化逐渐从"服务行为创新"转化为"服务过程创新"再转化为"服务理论创新"，企业对高级要素的需求不仅更为迫切，同时还亟须跨产业要素有效交互提供的差异化知识资源。人力资源作为知识的重要"载体"，搭建了知识间互联互通的界面，并通过知识的外溢与转移，动态更新着企业的知识种类与储备。人才资源的获取渠道有人才培育和人才跨组织交流两种。首先，人才培育要注重产学研的相互融合，因此，企业应具备多样化人才培育机制，尤其是对服务创新型人才的培育。企业自主培育复合型人才的优势在于，装备制造企业的专门人才具备深厚的装备制造行业背景，通晓装备制造行业的业务流程与业务逻辑，当加持某项服务化技能时，将成为专项技术服务的稀缺型人才。同时，企业还可以通过打造创新发展的企业环境吸引GVC 上高质量跨产业人才加入本企业。其次，装备制造企业通过与科研院所、高级生产性服务企业、关联企业、高校等机构建立企业联盟、虚拟组织等方式加强人才交流可以形成协作式的宏量人才库与知识库，以对抗单一企业的组织惯性。通过前文路径实现策略可知，稳定的人才交流环境是人才交流的中心主题，而这一稳定性源于跨组织企业间一致性的生产—服务目标。企业可通过建设实训基地、培育管理软环境、参与产业集群、加入企业孵化链条等完成跨产业人才间的交流与匹配。

2. 全面部署通信网络及信息化建设

服务化战略下的装备制造企业 GVC 升级，使企业从向客户提供单一产品转向提供产品—服务一体化生态。为了适应并高效实现这种一体化的生态转变，企业需要运用大数据、云计算、人工智能等新兴技术对价值链、供应链上的信息进行整合。为保证服务的质量与精准性，装备制造企业需建立端对端的服务平台网络，平台网络要具备前景预期、过程规划、成果验证等基本功能。例如运用具有数据过滤、带宽预留等网络功能的确定性网络替代以太网络，提供用于定制化的网络切片服务，并实现生产与服务过程的无人操控与调度、远程监控与管理等。除此之外，形成产品—服务规模效应还需要数字化、智能化、信息化等软设备条件。

7.2.3　基于服务化的装备制造企业 GVC 升级技术保障

先进技术是装备制造企业 GVC 升级的重要保障。技术能力改造与创新能够通过塑造企业核心技术，使企业摆脱长期锁定在 GVC 低端环节的窘境。因此，摒弃过分依赖外来技术习惯，加强技术创新投入是升级路径运行的关键，即企业保证相当比例的技术开发投入、相当强度的技术改造力度。

1. 加强技术开发投入

装备制造企业技术的先进程度决定了其服务化的深度与广度，因此决定了基于服务化的装备制造企业 GVC 升级的程度与位置。基于服务化的装备制造企业的先进技术开发是多元且跨产业的，技术作为装备制造企业的核心竞争力，其地位是不容撼动的。因此加强核心技术研究、注重应用性技术开发与创新、加强技术监测、准确掌握技术开发痛点与难点、改善技术进步环境、加大投入并优先发展基于服务化的装备制造企业新兴产业成分，是企业抢占 GVC 高端环节，进军 GVC 高端市场的核心保障工作。

2. 加强技术改造力度

技术改造的力度大小决定了企业技术体系的合理程度，并主要涉及：一是企业技术创新平台建设，开放的开发与研究中心建设将有利于技术资源的全面互动与整合，形成产学研共同支撑下的技术开发与创新平台；二是加大力度支持重点领域的两业融合型技术开发创新，多方资源整合协调共同攻关的融合型技术成果将完善企业技术创新体系并衍生出新的协同、协作关系，以此为装备制造企业的 GVC 升级提供了充足的技术保障。

7.2.4　基于服务化的装备制造企业 GVC 升级环境保障

基于前文分析可知，在构建的基于服务化的装备制造企业 GVC 升级路径中，环境因素对基础路径下的升级情境与空间也会产生一定程度的影响。例如，技术环境决定了核心跨越型 GVC 升级路径的升级情境是核心点跨越伴随产品升级、工艺升级还是功能升级，也决定了价值环节拓展型 GVC 升级的装备制造企业孤立模块能否借势技术环境力量完成突破式创新；两化融合及互动的企业升级氛围将决定链网重构型 GVC 升级路径的扩网范围与核聚机制；融合创新的政策环境有助于价值环节拓展型 GVC 升级路下企业顺利完成价值模块间的交流与资源流动。因此，基于服务化的装备制造企业 GVC 升级环境保障是装备制造企业 GVC 升级可以借助的重要客观力量。本书从培育丰裕的市场需求、维持一定程度的市场竞争压力、营造先进的市场技术环境和促进产业融合的制度与政策支持四个方面分析基于服务化的装备制造企业 GVC 升级的环境保障。

1. 培育丰裕的市场需求

基于用户端提高用户需求层次。客户需求层次的提高来源于两个方面：一个是随着经济发展，客户对产品与服务的质量认知与要求不断提高导致的需求层次变化；二是企业为获得价值增值，提供更多的产品—服务组合，以供给带动客户需求层次。因此，客户需求向服务化拓展与延伸是符合经济发展规律的，企业应在此基础上，完善现代营销理论与方法，引领市场需求、提高市认知、加强市场监管、规范市场主体行为，结合多样化的市场营销策略延伸并开拓两业融合型市场。

2. 维持市场竞争压力

市场竞争的有序性需要从两方面着手：一是营造公平的市场竞争环境，知识产权保护、国企混合所有制改革、提高企业的市场主体地位、管理者的角色向"经理人"转变、市场化经营发展机制确立、市场竞争秩序规制等都迫使企业主动加入市场竞争，同时参与 GVC 也是在参与优胜劣汰的市场机制，这将推进企业 GVC 上的转型升级动力；二是放宽两化融合型企业的进入壁垒并完善相应的退出机制，较低的进入壁垒使更多的企业参与竞争，范围广、强度大的竞争增加了企业想要转型升级的紧迫感与危机意识。企业为了适应竞争需要，将自主进行改革与创新，同时为了降低企业转型升级的风险与成本，还需要配套完善退出机制，消除企业改革顾虑。

3. 营造先进的技术环境

先进的技术环境需要有效的市场策略推进技术进步，这不仅是因为先进的技术可以有效保障基于服务化的装备制造企业实现 GVC 上的升级，同时也使企业通过增强技术改进与创新意识达到与市场同步的目的。企业寻求跨产业的高级知识要素引进与吸收的过程，推进了服务化进程的同时，也有效实现了其在 GVC 上的阶段性升级。

4. 促进产业融合的制度与政策支持

政府需针对企业 GVC 升级目标、升级路径、升级条件制定有针对性的、规范化的、系统化的管理制度原则，并构建升级前规范、升级过程中监督、升级实现后评价与反馈的闭环管理制度。同时，区域内的企业与企业群需要恰当的政策以吸引其"脱离舒适圈"，并持续不断的开展产业互通、组织变革与技术、模式创新活动。例如，通过业内专家筛选出两业融合的相关企业集群，进一步认定其可行性与市场价值，依据预期价值给予补贴，并在产出时，结合多方主体评价与行业对标情况追加转型升级贡献补贴。与此同时，政府还需加大在软、硬件基础设施上的建设与投入，尤其加强对配套的科研院所、金融机构、服务机构、研发设计机构的软件投入。这些基础设施建设将从人、财、物、信息等多方面助力资源在关联组织间的高效流通，从而利于企业吸纳外部环境中的优势资源，实现其转型升级目标。尤其对新技术进入，企业经验、管理能力和资本相对较低的装备制造企业而言，政府的行为可补偿因缺乏地理位置优势和基础结构优势造成的 GVC 升级阻碍问题。除此之外，政府还可设立专项引导基金，探索"两业"下的投融资金融模式，以多种投资方式使资金得以大规模、全方位注入相关项目，以财政资金带动项目融资，从而更好地实现两业融合。

7.3　本 章 小 结

本书基于第 2 章升级机理设计了基于服务化的装备制造企业 GVC 升级路径选择思路，构建了路径选择的指标体系，并基于熵—TOPSIS—K‑means++法系统地设计了升级路径选择方法，得到了路径选择实证结果，最后，形成了基于服务化的装备制造企业 GVC 升级路径的保障策略。

结　　论

　　针对中国装备制造企业内部能力不足、外部升级环境复杂严峻这一情景，基于服务化的企业 GVC 升级路径研究缺失的理论现状，本书对基于服务化的装备制造企业 GVC 升级机理、升级路径构建与运行进行了系统性的研究，研究结果及创新性工作如下。

　　（1）系统地揭示了基于服务化的装备制造企业 GVC 升级的机理。一是通过从多视角分析服务化与装备制造企业 GVC 升级的关系，界定了基于服务化的装备制造企业 GVC 升级内涵。二是通过分析基于服务化的装备制造企业 GVC 升级演化过程，构建了基于服务化的装备制造企业 GVC 升级演化过程模型。三是运用扎根理论识别了"企业组织协同能力"和"服务资源整合能力"两个影响装备制造企业 GVC 升级的关键因素。四是设计了由"要素结构驱动企业 GVC 升级演化"的升级路径框架，并形成了装备制造企业 GVC 升级路径，分别为：初级层次下的"价值点拓展型"升级路径；第二层次下的"核心点位跨越型"和"价值环节延伸型"升级路径；最高层次下的"链网重构"型升级路径。

　　（2）在路径内涵、特征与构建思路分析的基础上，构建了升级路径。一是基于路径内涵、特征及构建思路的分析，分别从客企交互下的需求分析、两业融合下的服务需求整合、终端市场下的拓展式 GVC 升级三方面构建了价值点拓展型 GVC 升级路径。二是从核心点位识别、核心点位辐射、技术群体结构下的跨越式 GVC 升级三个方面构建了核心点位跨越式升级路径。三是从双重架构的模块分工、面向系统性能的模块联动、全面联动下的延伸式 GVC 升级三个方面构建了价值环节延伸型 GVC 升级路径。四是从资源液化、共享互联系统、新治理形式下的重构式 GVC 升级三个方面构建了链网重构型 GVC 升级路径。

　　（3）通过分析路径运行过程特征，分别构建了路径的运行模型并在此基础上得到路径运行策略。一是依据价值点拓展型 GVC 升级路径运行的稳定性分析，构建了装备制造企业与客户和两业内企业的演化博弈模型，揭示了影响路径稳定性的相关因素。二是依据核心点位跨越型 GVC 升级路径运行的要素关系框架特征，构建了关键影响因素关系的结构方程模型，揭示了影响因素的关系及得到了影响路径运行的因素作用强度。三是依据价值环节延伸型路径运行的组织管理特征，构建了企业模块间的要素联动模型，通过定性比较分析揭示了模块联动效应机制。四是依据链网重构型路径运行的网络效应特征，构建了以装备制造企业为核心的超网络模型，揭示了链网重构升级路径运行过程中的知识共享、知识转移等机制和关键影响要素。

（4）在基于服务化的装备制造企业 GVC 升级机理的基础上，设计了企业升级路径选择思路，以此为基础，构建了路径选择指标体系，以及系统性地设计了基于熵—TOPSIS—K - means ++ 组合算法的升级路径选择方法，并得到了路径选择的相关实证结果。

本书构筑了较为完整的基于服务化的装备制造企业 GVC 升级机理体系。并对升级路径框架进行了设计。在路径内涵、特征及构建思路分析的基础上，分别构建了价值点拓展型、核心点位跨越型、价值环节延伸型和链网重构型升级路径，构建了路径运行模型并揭示了策略。相关研究成果实现了对 GVC 理论、服务化战略理论的拓展与补充，并为指导中国装备制造企业开展服务化战略、通过服务化战略实现企业在 GVC 上的转型升级提供了决策参考和有益借鉴。

虽然做了很多探索性与创新性的工作，但本书仍存在以下局限性。一是虽然对每条路径的构成进行了分析并构建了路径运行模型，但还需要通过更多案例及实证进行深入探索。二是本书将我国装备制造企业基于服务化的 GVC 升级分为四种基础路径，并没有具体考虑某个区域的特征和环境背景对每种升级路径下具体情境的选择可能造成的影响。

参 考 文 献

［1］鲍萌萌，武建龙．新兴产业颠覆性创新过程研究——基于创新生态系统视角［J］．科技与管理，2019，21（1）：8-13．

［2］陈超凡，王赟．垂直专业化与中国装备制造业产业升级困境［J］．科学学研究，2015，33（8）：1183-1192．

［3］陈戈，徐宗玲．代工企业战略升级的阶段性框架——基于管理者认知与动态能力的视角［J］．科学学与科学技术管理，2012，33（4）：96-104．

［4］陈菊红，同世隆，姚树俊．服务型制造模式下价值共创流程机制研究——以技术革新为视角［J］．科技进步与对策，2014，31（1）：18-22．

［5］陈伟宏，王娟，张鹏，等．全球价值链下技术溢出对产业升级路径研究——基于服务化投入异质性视角［J］．科研管理，2021，42（9）：79-86．

［6］程虹，刘三江，罗连发．中国企业转型升级的基本状况与路径选择——基于570家企业4794名员工入企调查数据的分析［J］．管理世界，2016（2）：57-70．

［7］邓勇兵．鸿海oem升级为ems的关键因素研究［J］．管理案例研究与评论，2013，6（6）：461-469．

［8］杜新建．制造业服务化对全球价值链升级的影响［J］．中国科技论坛，2019（12）：75-82，90．

［9］杜跃平，高雄，赵红菊．路径依赖与企业顺沿技术轨道的演化创新［J］．研究与发展管理，2004，16（4）：6．

［10］范钧，聂津君．企业-顾客在线互动、知识共创与新产品开发绩效［J］．科研管理，2016，37（1）：119-127．

［11］冯长利，马睿泽．基于服务化的制造企业与服务提供商的演化博弈分析［J/OL］．中国管理科学，2022，30（6）：263-274．

［12］耿晔强，白力芳．人力资本结构高级化、研发强度与制造业全球价值链升级［J］．世界经济研究，2019（8）：88-102，136．

［13］辜胜阻，吴华君，吴沁沁，等．创新驱动与核心技术突破是高质量

发展的基石 [J]. 中国软科学, 2018 (10): 9-18.

[14] 郭伏, 阚双, 李森. 产业集群发展面临的问题及管理创新服务对策研究 [J]. 东北大学学报 (社会科学版), 2014, 16 (5): 462-467.

[15] 郭旭, 孙晓华, 徐冉. 论产业技术政策的创新效应——需求拉动, 还是供给推动? [J]. 科学学研究, 2017, 35 (10): 1469-1482.

[16] 韩霞, 吴玥乐. 价值链重构视角下航空制造业服务化发展模式分析 [J]. 中国软科学, 2018, 33 (3): 166-173.

[17] 郝凤霞, 张璘. 低端锁定对全球价值链中本土产业升级的影响 [J]. 科研管理, 2016, 37 (S1): 131-141.

[18] 洪群联. 中国先进制造业和现代服务业融合发展现状与 "十四五" 战略重点 [J]. 当代经济管理, 2021, 43 (10): 74-81.

[19] 洪勇, 张红虹. 新兴产业培育政策传导机制的系统分析——兼评中国战略性新兴产业培育政策 [J]. 中国软科学, 2015 (6): 8-19.

[20] 胡查平, 汪涛, 王辉. 制造业企业服务化绩效——战略一致性和社会技术能力的调节效应研究 [J]. 科学学研究, 2014, 32 (1): 84-91.

[21] 胡查平, 汪涛, 朱丽娅. 制造业服务化绩效的生成逻辑——基于企业能力理论视角 [J]. 科研管理, 2018, 39 (5): 129-137.

[22] 胡峰, 裘讯, 俞荣建, 等. 后发装备制造企业价值链转型升级路径分析——逃离 "俘获型" 价值链 [J]. 科研管理, 2021, 42 (3): 23-34.

[23] 贾军, 魏洁云. 新兴产业核心技术早期识别方法与应用研究 [J]. 科学学研究, 2018, 36 (7): 1206-1214.

[24] 简兆权, 刘晓彦. 互联网环境下服务战略与组织结构的匹配——基于制造业的多案例研究 [J]. 管理案例研究与评论, 2017, 10 (5): 449-466.

[25] 蒋天颖, 王峥燕, 张一青. 网络强度、知识转移对集群企业创新绩效的影响 [J]. 科研管理, 2013, 34 (8): 8.

[26] 蒋雪梅, 刘轶芳. 全球价值链视角下的中、美高新技术产业出口效益及环境效应分析 [J]. 管理评论, 2018, 30 (5): 58-63.

[27] 兰娟丽, 雷宏振, 孙军娜. 中国产业集群供应链价值网络爬升: 横向 R&D 合作仿真视角 [J]. 经济社会体制比较, 2020 (6): 123-135.

[28] 乐承毅, 徐福缘, 顾新建, 等. 复杂产品系统中跨组织知识超网络模型研究 [J]. 科研管理, 2013, 34 (2): 128-135.

［29］李跟强，宗志刚. 制造业投入服务化、服务贸易开放与经济周期联动：基于全球价值链的视角［J］. 世界经济研究，2021（10）：69 – 86，135.

［30］李冀，莫蓉. 面向全生命周期的服务制造网络建模研究［J］. 计算机应用研究，2012，29（4）：1349 – 1352.

［31］李靖华，林莉，闫威涛. 制造业服务化的价值共创机制：基于价值网络的探索性案例研究［J］. 科学学与科学技术管理，2017，38（5）：85 – 100.

［32］李靖华，刘树龙. 何谓制造服务化——基于双案例探索的质性研究［J］. 创新科技，2020，20（10）：1 – 15.

［33］李靖华，马江璐，瞿庆云. 授人以渔，还是授人以鱼——制造服务化价值创造逻辑的探索式案例研究［J］. 科学学与科学技术管理，2019，40（7）：43 – 60.

［34］李元元，周国华，韩姣杰. 基于熵权的改进 TOPSIS 法在多项目优先级评价中的应用［J］. 统计与决策，2008（14）：159 – 160.

［35］林桂军，何武. 中国装备制造业在全球价值链的地位及升级趋势［J］. 国际贸易问题，2015，41（4）：3 – 15.

［36］林莉，马江璐，李靖华. 制造服务化市场的多主体竞争分析——基于服务市场共同度和服务能力等价性视角［J］. 科技管理研究，2020，40（9）：187 – 195.

［37］凌永辉，刘志彪. 横向竞争视角下全球价值链治理结构变动及产业升级［J］. 江西社会科学，2021，41（2）：37 – 48.

［38］刘婵媛，李金叶. Ict 驱动装备制造业转型升级的路径——基于 sbm – Tobit 模型［J］. 企业经济，2020，39（5）：10.

［39］刘林青，谭畅，江诗松，等. 平台领导权获取的方向盘模型——基于利丰公司的案例研究［J］. 中国工业经济，2015（1）：134 – 146.

［40］刘晓东，毕克新，叶惠. 全球价值链下低碳技术突破性创新风险管理研究——以中国制造业为例［J］. 中国软科学，2016（11）：152 – 166.

［41］刘志彪，凌永辉. 在主场全球化中构建新发展格局——战略前提、重点任务及政策保障［J］. 产业经济评论，2021（6）：5 – 13.

［42］罗海玉. 基于功能分析的概念设计［J］. 机械研究与应用，2002（4）：65 – 67.

［43］罗建强，李丰源，李洪波. 农机装备服务型网络协同制造模式构建及运行机制设计［J］. 中国科技论坛，2021（12）：70 – 78.

[44] 吕敏，帅斌，张玥，等．熵 - TOPSIS - IFPA 聚类方法在中欧班列运输节点风险识别中的应用 [J/OL]．安全与环境学报：1 - 10 [2022 - 04 - 06]．DOI：10. 13637/j. issn. 1009 - 6094. 2021. 1879.

[45] 吕文晶，陈劲，刘进．智能制造与全球价值链升级——海尔 cosmoplat 案例研究 [J]．科研管理，2019，40 (4)：145 - 156.

[46] 吕越，陈帅，盛斌．嵌入全球价值链会导致中国制造的"低端锁定"吗？[J]．管理世界，2018，34 (8)：11 - 29.

[47] 马涛，郭进利，何红英，等．基于超网络的企业科技创新团队知识共享机制研究 [J]．情报科学，2017，35 (12)：120 - 128.

[48] 毛荐其．产品研发微观过程研究进展——一个技术演变的视角 [J]．科研管理，2009，30 (4)：29 - 36.

[49] 孟庆敏，梅强．科技服务业与制造企业互动创新机理研究——基于知识转移与创新视角 [J]．科技进步与对策，2011，28 (20)：3.

[50] 倪红福．全球价值链中产业"微笑曲线"存在吗？——基于增加值平均传递步长方法 [J]．数量经济技术经济研究，2016，33 (11)：111 - 126.

[51] 聂聆，李三妹．制造业全球价值链利益分配与中国的竞争力研究 [J]．国际贸易问题，2014，40 (12)：102 - 113.

[52] 綦良群，周凌玥．基于服务化的装备制造业价值链整合过程及仿真分析 [J]．中国科技论坛，2018，34 (12)：60 - 69，95.

[53] 曲婉，穆荣平，李铭禄．基于服务创新的制造企业服务转型影响因素研究 [J]．科研管理，2012，33 (10)：64 - 71.

[54] 邵慰．中国装备制造业竞争力分行业测度研究——来自 2003—2011 年面板数据的证据 [J]．经济学家，2015，26 (1)：50 - 55.

[55] 苏杭，郑磊，牟逸飞．要素禀赋与中国制造业产业升级——基于 wiod 和中国工业企业数据库的分析 [J]．管理世界，2017，33 (4)：70 - 79.

[56] 苏敬勤，高昕．中国制造企业的低端突破路径演化研究 [J]．科研管理，2019，40 (2)：86 - 96.

[57] 苏越良，何海燕，尹金龙．企业绿色持续创新能力评价体系研究 [J]．科技进步与对策，2009，26 (20)：139 - 142.

[58] 苏钟海，孙新波，李金柱，等．制造企业组织赋能实现数据驱动生产机理案例研究 [J]．管理学报，2020，17 (11)：1594 - 1605.

[59] 孙明哲，綦天熠．先进制造业服务化推动 GVC 升级机理及影响因素研究 [J]．商业研究，2021 (5)：7.

[60] 孙晓华，郭旭．"装备制造业振兴规划"的政策效果评价——基于差分内差分方法的实证研究 [J]．管理评论，2015，27 (6)：78－89．

[61] 谈莉斌，唐敦兵，陈蔚芳，等．大规模用户参与的开放式设计决策方法 [J]．计算机集成制造系统，2020，26 (4)：1063－1071．

[62] 唐春晖．产品架构、全球价值链与本土企业升级路径 [J]．工业技术经济，2010，29 (2)：16－20．

[63] 唐洪婷，李志宏，秦睿．基于超网络的大众协同创新社区用户知识模型研究 [J]．管理学报，2017，14 (6)：859－867．

[64] 陶锋，李霆，陈和．基于全球价值链知识溢出效应的代工制造业升级模式——以电子信息制造业为例 [J]．科学学与科学技术管理，2011，32 (6)：90－96．

[65] 陶磊．基于全球价值链理论的我国汽车产业升级障碍研究 [J]．经济论坛，2012 (12)：101－105．

[66] 汪建成，毛蕴诗，邱楠．由 oem 到 odm 再到 obm 的自主创新与国际化路径——格兰仕技术能力构建与企业升级案例研究 [J]．管理世界，2008 (6)：148－155，160．

[67] 王凤彬，王骁鹏，张驰．超模块平台组织结构与客制化创业支持——基于海尔向平台组织转型的嵌入式案例研究 [J]．管理世界，2019，35 (2)：121－150，199－200．

[68] 王娟，张鹏．服务转型背景下制造业技术溢出突破"锁定效应"研究 [J]．科学学研究，2019，37 (2)：276－290．

[69] 王岚，李宏艳．中国制造业融入全球价值链路径研究——嵌入位置和增值能力的视角 [J]．中国工业经济，2015，33 (2)：76－88．

[70] 王磊，魏龙．新兴经济体如何进行价值链升级：基于国际分工视角的文献综述 [J]．经济评论，2018，29 (3)：90－102．

[71] 王莉，任浩．虚拟创新社区中消费者互动和群体创造力——知识共享的中介作用研究 [J]．科学学研究，2013，31 (5)：702－710，701．

[72] 王益民，赵志彬，徐猛．链内攀升与跨链嵌入：Ems 企业动态能力协同演化——基于 sanmina 公司的纵向案例研究 [J]．管理评论，2019，31 (1)：279－292．

[73] 魏龙，王磊．全球价值链体系下中国制造业转型升级分析 [J]．数量经济技术经济研究，2017，34 (6)：71－86．

[74] 席运江，党延忠，廖开际．组织知识系统的知识超网络模型及应用

[J]. 管理科学学报, 2009, 12 (3): 12 - 21.

[75] 夏后学, 谭清美, 王斌. 装备制造业高端化的新型产业创新平台研究——智能生产与服务网络视角 [J]. 科研管理, 2017, 38 (12): 1 - 10.

[76] 夏友富, 何宁. 推动我国装备制造业迈向全球价值链中高端的机制、路径与对策 [J]. 经济纵横, 2018, 34 (4): 56 - 62.

[77] 肖挺, 刘华, 叶芃. 制造业企业服务创新的影响因素研究 [J]. 管理学报, 2014, 11 (4): 591 - 598.

[78] 肖挺. 制造企业服务化、产品技术创新与组织变革 [J]. 中国科技论坛, 2021 (5): 46 - 56.

[79] 徐建中, 孙颖, 孙晓光. 基于熵权 TOPSIS - PSO - ELM 的制造企业绿色创新能力评价模型及实证研究 [J]. 运筹与管理, 2020, 29 (1): 131 - 140.

[80] 杨桂菊, 程兆谦, 侯丽敏, 等. 代工企业转型升级的多元路径研究 [J]. 管理科学, 2017, 30 (4): 124 - 138.

[81] 姚树俊, 陈菊红, 赵益维. 服务型制造模式下产品服务模块化演变进程研究 [J]. 科技进步与对策, 2012, 29 (9): 78 - 83.

[82] 叶作义, 张鸿, 下田充. 全球价值链下国际分工结构的变化——基于世界投入产出表的研究 [J]. 世界经济研究, 2015, 34 (1): 56 - 64, 128.

[83] 郁培丽, 樊治平. 面向企业核心能力的核心技术研究与开发 [J]. 科研管理, 2003 (2): 73 - 76, 40.

[84] 詹爱岚. 新兴市场国家标准化与创新互动赶超模式及路径研究: 以印度、南非为例 [J]. 科研管理, 2019, 40 (8): 92 - 100.

[85] 张辉. 全球价值链理论与我国产业发展研究 [J]. 中国工业经济, 2004 (5): 38 - 46.

[86] 张培, 张丽平, 李楠. 制造业服务化演进特征与逻辑框架 [J]. 科技和产业, 2019, 19 (11): 16 - 21.

[87] 张晴, 于津平. 投入数字化与全球价值链高端攀升——来自中国制造业企业的微观证据 [J]. 经济评论, 2020 (6): 72 - 89.

[88] 张兴贤, 王应明. 一种考虑证据权重和可靠性的混合型多属性群决策方法 [J]. 系统科学与数学, 2021, 41 (5): 1305 - 1327.

[89] 张忠, 金青, 王晓宇. 基于网络的制造业服务化价值创造研究 [J]. 常州工学院学报, 2015, 28 (4): 43 - 47.

[90] 赵霞. 生产性服务投入、垂直专业化与装备制造业生产率 [J]. 产

业经济研究, 2017 (2): 14 - 26.

[91] 赵勇, 齐讴歌, 曹林. 装备制造业服务化过程及其保障因素——基于陕鼓集团的案例研究 [J]. 科学学与科学技术管理, 2012, 33 (12): 108 - 117.

[92] 甄珍, 王凤彬. 全球价值链嵌入企业转型升级研究述评 [J]. 管理评论, 2020, 32 (8): 254 - 268, 294.

[93] 周志华. 机器学习 [M]. 北京: 清华大学出版社, 2016.

[94] Aas T H, Breunig K J, Hellstrm M M, et al. Service - Oriented Business Models in Manufacturing in the Digital Era: toward a New Taxonomy [J]. International Journal of Innovation Management, 2020, 24 (8).

[95] Abad - Segura E. Sustainable Business Model in the Product - Service System: Analysis of Global Research and Associated Eu Legislation [J]. International Journal of Environmental Research and Public Health, 2021, 18.

[96] Abbas F, Rasheed A, Habiba U, et al. Factors Promoting Knowledge Sharing & Knowledge Creation in Banking Sector of Pakistan [J]. Management Science Letters, 2013, 3 (2): 405 - 414.

[97] Alfarol A, Chord P. Internalizing Global Value Chains: a Firm Level Analysis [R]. National Bureau of Economic Research, 2015.

[98] Anders L, Ali Y. Customer Involvement in New Service Development: a Conversational Approach [J]. Managing Service Quality, 2004, 14 (2 - 3): 249 - 257.

[99] Baines T, Lightfoot Hw. Servitization of the Manufacturing Firm Exploring the Operations Practices and Technologies that Deliver Advanced Services [J]. International Journal of Operations & Production Management, 2014, 34 (1): 2 - 35.

[100] Bair J, Palpacuer F. Csr beyond the Corporation: Contested Governance in Global Value Chains [J]. Global Networks, 2015, 15 (S1): S1 - S19.

[101] Baldwin R, Forslid R. Unveiling the Evolving Sources of Value Added in Exports [J]. Joint Research Program Series, 2015, 161 (2): 2304 - 2309.

[102] Baldwin R, Lopez - Gonzalez J. Supply - Chain Trade: a Portrait of Global Patterns and Several Testable Hypotheses [J]. World Economy, 2015, 38 (11): 1682 - 721.

[103] Behzadian M, Otaghsara S K, Yazdani M, et al. A State - of the - Art

Survey of Topsis Applications [J]. Expert Systems with Applications, 2012, 39 (17): 13051 – 13069.

[104] Bettis R A, Prahalad C K. The Dominant Logic: Retrospective and Extension [J]. Strategic Management Journal, 1995, 16 (1): 5 – 14.

[105] Blichfeldt H, Faullant R. Performance Effects of Digital Technology Adoption and Product & Service Innovation-a Process – Industry Perspective [J]. Technovation, 2021, 105 (5): 102275.

[106] Boler Ea, Moxnes A, Ulltveitmoe Kh. R&D, International Sourcing, and the Joint Impact on Firm Performance [J]. The American Economist Review, 2015, 105 (12): 87 – 117.

[107] Brax S A, Visintin F. Meta-model of servitization. Meta – Model of Servitization: the Integrative Profiling Approach [J]. Industrial Marketing Management, 2017, 60 (1): 17 – 32.

[108] Bustinza O F, Gomes E, Vendrell – Herrero F, et al. Product – Service Innovation and Performance: the Role of Collaborative Partnerships and R&D Intensity [J]. R&D Management, 2019, 49 (1): 33 – 45.

[109] Bustinza Of, Bigdeli Az, Baines T. Servitization and Competitive Advantage: the Importance of Organizational Structure and Value Chain Position [J]. Research Technology Management, 2015, 58 (5): 53 – 60.

[110] Caloghirou Y, Giotopoulos I, Kontolaimou A, et al. Industry – University Knowledge Flows and Product Innovation: How do Knowledge Stocks and Crisis Matter? [J]. Research Policy, 2021, 50 (3): 104195.

[111] Chen C K, Palma F, Reyes L. Reducing Global Supply Chains' Waste of Overproductionby Using Lean Principles: a Conceptual Approach [J]. International Journal of Quality and Service Sciences, 2019, 11 (4): 441 – 454.

[112] Choi N. Global Value Chains and of East Asian Trade in Value – Added [J]. Asian Economic Papers, 2015, 14 (3): 129 – 144.

[113] Cimini C, Adrodegari F, Paschou T, et al. Digital Servitization and Competence Development: a Case – Study Research [J]. Cirp Journal of Manufacturing Science and Technology, 2021, 32 (11): 447 – 460.

[114] Crozet M, Emmanuel M. The Servitization of French Manufacturing Firms [J]. Working Papers, 2014 (10): 269 – 280.

[115] Cusumano M A, Kahl S J, Suarez F F. Services, Industry Evolution,

and the Competitive Strategies of Product Firms [J]. Strategic Management Journal, 2015, 36 (4): 559 – 575.

[116] Davis D, Kaplinsky R, Morris M. Rents, Power and Governance in Global Value Chains [J]. Journal of World – Systems Research, 2018, 24 (1): 43 – 71.

[117] Dey B L, Babu M M, Rahman M, et al. Technology Upgrading through Co – Creation of Value in Developing Societies: Analysis of the Mobile Telephone Industry in Bangladesh [J]. Technological Forecasting and Social Change, 2019, 145: 413 – 425.

[118] Eggert A, Hogreve J, Ulaga W. Revenue and Profit Implications of Industrial Service Strategies [J]. Journal of Service Research, 2014, 17 (1): 23 – 39.

[119] Fernandes S, Pigosso D, Mcaloone T C, et al. Towards Product – Service System Oriented to Circular Economy: a Systematic Review of Value Proposition Design Approaches [J]. Journal of Cleaner Production, 2020, 257: 120507.

[120] Fiss P C, Sharapov D, Cronqvist L. Opposites Attract? Opportunities and Challenges for Integrating Large – N Qca and Econometric Analysis [J]. Political Research Quarterly, 2013: 191 – 198.

[121] Fornasiero R, Carpanzano E. Advances in Customer – Oriented Manufacturing and Value Chain Management [J]. International Journal of Computer Integrated Manufacturing, 2017, 30 (7): 677 – 679.

[122] Frei F, Sinsel S R, Hanafy A. Leaders or Laggards? the Evolution of Electric Utilities' Business Portfolios during the Energy Transition [J]. Energy Policy, 2018, 120 (9): 655 – 665.

[123] Freije I, Calle A, Ugarte J V. Role of Supply Chain Integration in the Product Innovation Capability of Servitized Manufacturing Companies [J]. Technovation, 2021: 102216.

[124] Gebauer H, Friedli T. Behavioral Implications of the Transition Process from Products to Services [J]. Journal of Business & Industrial Marketing, 2005, 20 (2): 70 – 78.

[125] Gereffi G, Lee J. Economic and Social Upgrading in Global Value Chains and Industrial Clusters: Why Governance Matters [J]. Journal of Business Ethics, 2016, 133 (1): 25 – 38.

［126］ Gereffi G. International Trade and Industrial Upgrading in the Apparel Commodity Chain ［J］. Journal of International Economics, 1999, 48 (1): 37 – 70.

［127］ Gereffi G. International Trade and Industrial Upgrading in the Apparel Commodity Chain ［J］. Journal of International Economics, 1999, 48 (1): 37 – 70.

［128］ Gereffi G. The Global Economy: Organization, Governance, and Development ［M］. 2005.

［129］ Glaser, Barney G, Strauss, et al. The Discovery of Grounded Theory ［M］. Weidenfeld and Nicolson, 1968.

［130］ Gremyr I, Löfberg N, Witell L. Service Innovations in Manufacturing Firms ［J］. Managing Service Quality: an International Journal, 2010, 20 (2): 161 – 175.

［131］ Grönroos C. Conceptualising Value Co – Creation: a Journey to the 1970s and Back to the Future ［J］. Journal of Marketing Management, 2012, 28 (13 – 14): 1520 – 1534.

［132］ Gudergan G, Buschmeyer A, Feige B A, et al. Value of Lifecycle Information to Transform the Manufacturing Industry ［M］. Shaping The Digital Enterprise, 2017.

［133］ Guimera R, Nunes Amaral L A. Functional Cartography of Complex Metabolic Networks ［J］. Nature, 2005, 433 (7028): 895 – 900.

［134］ Guimera R, Uzzi B, Spiro J, et al. Team Assembly Mechanisms Determine Collaboration Network Structure and Team Performance ［J］. Science, 2005, 308 (5722): 697 – 702.

［135］ Gulati R, Sytch M. Dependence Asymmetry and Joint Dependence in Interorganizational Relationships: Effects of Embeddedness on a Manufacturer's Performance in Procurement Relationships ［J］. Administrative Science Quarterly, 2007, 52 (1): 32 – 69.

［136］ Hakanen T, Helander N, Valkokari K. Servitization in Global Business-to – Business Distribution: the Central Activities of Manufacturers ［J］. Industrial Marketing Management, 2016, 63: 167 – 178.

［137］ Hakanen T. Co – Creating Integrated Solutions within Business Networks: the Kam Team as Knowledge Integrator ［J］. Industrial Marketing Management, 2014, 43 (7): 1195 – 1203.

[138] Havice E, Campling L. Where Chain Governance and Environmental Governance Meet: Interfirm Strategies in the Canned Tuna Global Value Chain? [J]. Economic Geography, 2017, 93 (3): 292 – 313.

[139] Hayes A F, Preacher K J. Quantifying and Testing Indirect Effects in Simple Mediation Models When the Constituent Paths Are Nonlinear [J]. Multivariate Behavioral Research, 2010, 45 (4): 627 – 660.

[140] Hayes A F, Scharkow M. The Relative Trustworthiness of Inferential Tests of the Indirect Effect in Statistical Mediation Analysis [J]. Psychological Science, 2013, 24 (10): 1918 – 1927.

[141] Hiland G, Klemsdal L. Organizing Professional Work and Services through Institutional Complexity – How Institutional Logics and Differences in Organizational Roles Matter [J]. Human Relations, 2022, 75 (2): 240 – 272.

[142] Hobday M, Rush H, Bessant J. Approaching the Innovation Frontier in Korea: the Transition Phase to Leadership [J]. Research Policy, 2004, 33 (10): 1433 – 1457.

[143] Jurafsky D, Martin J H. Speech and Language Processing: an Introduction to Natural Language Processing, Computational Linguistics, and Speech Recognition [J]. Prentice Hall Ptr, 2015: 638 – 641.

[144] Kan S, Guo F, Li S. An Approach to Evaluating the Knowledge Management Performance with Interval – Valued Intuitionistic Uncertain Linguistic Information [J]. Journal of Intelligent & Fuzzy Systems, 2016, 30 (3): 1557 – 1565.

[145] Kano L. Global Value Chain Governance: a Relational Perspective [J]. Journal of International Business Studies, 2018, 49 (6): 684 – 705.

[146] Kano, L. Global Value Chain Governance: a Relational Perspective [J]. Journal of International Business Studies, 2018, 49 (3): 1 – 22.

[147] Kapoor K, Bigdeli A Z, Schroeder A, et al. A Platform Ecosystem View of Servitization in Manufacturing [J]. Technovation, 2021 (6): 102248.

[148] Kastalli I V, Van Looy B. Servitization: Disentangling the Impact of Service Business Model Innovation on Manufacturing Firm Performance [J]. Journal of Operations Management, 2013, 31 (4): 169 – 180.

[149] Kee H L, Tang H. Domestic Value Added in Exports: Theory and Firm Evidence from China [J]. The American Economic Review, 2016, 106 (6):

1402 – 1436.

[150] Kenneth Le Meunier – Fitzhugh, Nigel F Piercy. Improvingthe Relationship Between Sales and Marketing [J]. European Business Review, 2010, 22 (3): 287 – 305.

[151] Kloock – Schreiber D, Gembarski P C, Lachmayer R. Application of System Dynamics for Holistic Product – Service System Development [J]. Procedia Manufacturing, 2020, 52: 209 – 214.

[152] Kohtamäki M, Partanen J, Parida V. Non – Linear Relationship Between Industrial Service Offering and Sales Growth: the Moderating Role of Network Capabilities [J]. Industrial Marketing Management, 2013, 42 (8): 1374 – 1385.

[153] Koskela – Huotari K, Bo E, Jonas J M. Innovation in Service Ecosystems—Breaking, Making, and Maintaining Institutionalized Rules of Resource Integration [J]. Journal of Business Research, 2016, 69 (8): 2964 – 2971.

[154] Kowalkowski C, Windahl C, Kindström D. What Service Transition? Rethinking Established Assumptions about Manufacturers' Service – Led Growth Strategies [J]. Industrial Marketing Management, 2015, 45 (2): 59 – 69.

[155] Kreye M, Newnes L, Yeemeygoh. Uncertainty in Competitive Bidding Framework for Product – Service Systems [J]. Production Planning, 2014, 25 (6): 462 – 477.

[156] Kristensson P, Gustafsson A, Archer T. Harnessing the Creative Potential Among Users [J]. Journal of Product Innovation Management, 2004, 21 (1): 4 – 14.

[157] Kuester S, Schuhmacher M C, Gast B. Sectoral Heterogeneity in New Service Development: an Exploratory Study of Service Types and Success Factors [J]. Journal of Product Innovation Management, 2013, 30 (3): 533 – 544.

[158] Lanz R, Maurer A. Services and Global Value Chains: Servitization of Manufacturing and Services Networks [J]. Journal of International Commerce, 2015, 6 (3): 1 – 18.

[159] Lightfoot H, Baines T, Smart P. The Servitization of Manufacturing: a Systematic Literature Review of Interdependent Trends [J]. International Journal of Operations & Production Management, 2013, 33 (11/12): 1408 – 1434.

[160] Lindhult E, Chirumalla K, Oghazi P. Value Logics for Service Innovation: Practice – Driven Implications for Service – Dominant Logic [J]. Service Busi-

ness, 2018, 12 (3): 457 –481.

[161] Liu X, Wang Z, Xie Y. Progression from Technological Entrant to Innovative Leader: an Analytical Firm – Level Framework for Strategic Technological Upgrade [J]. Innovation – Organization & Management, 2019, 21 (3): 443 – 465.

[162] Lodefalk M. The Role of Services for Manufacturing Firm Exports [J]. Review of World Economics, 2014, 150 (1): 59 –82.

[163] Mak A, Sw B, Tw A. Midlife Upgrade of Capital Equipment: a Servitization – Enabled, Value – Adding Alternative to Traditional Equipment Replacement Strategies [J]. Cirp Journal of Manufacturing Science and Technology, 2020, 29: 232 –244.

[164] Mario R, Nicola S, Christian K, et al. Navigating Disruptive Crises through Service – Led Growth: The Impact of Covid – 19 on Italian Manufacturing Firms [J]. Industrial Marketing Management, 2020, 88: 225 –237.

[165] Martin P G, Schroeder A, Bigdeli A Z. The Value Architecture of Servitization: Expanding the Research Scope [J]. Journal of Business Research, 2019, 104: 438 –449.

[166] Martinez V, Neely A, Velu C. Exploring the Journey to Services [J]. International Journal of Production Economics, 2016, 192 (12): 66 –80.

[167] Morrison A, Pietrobelli C, Rabellotti R. Global Value Chains and Technological Capabilities: a Framework to Study Learning and Innovation in Developing Countries [J]. Oxford Development Studies, 2008, 36 (1): 39 –58.

[168] Murphree, M, Anderson, J. Countering Overseas Power in Global Value Chains: Information Asymmetries and Subcontracting in the Plastics Industry [J]. Journal of Internal Management, 2018, 24 (2): 123 –136.

[169] Myhren P, Witell L, Gustafsson A. Incremental and Radical Open Service Innovation [J]. Journal of Services Marketing, 2018, 32 (2): 101 –12.

[170] Nagurney A, Dong J. Management of Knowledge Intensive Systems as Supernetworks: Modeling, Analysis, Computations, and Applications [J]. Mathematical and Computer Modelling, 2005, 42 (3 –4): 397 –417.

[171] Negash Y T, Sarmiento L, Tseng M L, et al. Sustainable Product – Service System Hierarchical Framework under Uncertainties: the Pharmaceutical Industry in Ecuador [J]. Journal of Cleaner Production, 2021, 294 (15): 126188.

[172] Nullmeier, Fabian M E, Wynstra Finn, et al. Outcome Attributability in Performance – Based Contracting: Roles and Activities of the Buying Organization [J]. Industrial Marketing Management, 2016, 59 (11): 25 –36.

[173] Oscar F Bustinza, Ali Ziaee Bigdeli, Tim Baines, et al. Servitization and Competitive Advantage: the Importance of Organizational Structure and Value Chain Position [J]. Research – Technology Management, 2015, 58 (5): 53 –60.

[174] Parida V, Sjoedin D R, Wincent J, et al. Mastering the Transition to Product – Service Provision: Insights into Business Models, Learning Activities, and Capabilities [J]. Research Technology Management, 2014, 57 (3): 44 –52.

[175] Peng Y S, Liang I C. A Dynamic Framework for Competitor Identification: a Neglecting Role of Dominant Design [J]. Journal of Business Research, 2016, 69 (5): 1898 –1903.

[176] Pietrobelli C, Rabellotti R. Global Value Chains Meet Innovation Systems: Are there Learning Opportunities for Developing Countries? [J]. World Development, 2011, 39 (7): 1261 –1269.

[177] Ponte S, Sturgeon T. Explaining Governance in Global Value Chains: a Modular Theory – Building Effort [J]. Review of International Political Economy, 2014, 21 (1): 195 –223.

[178] Reim W, Dr Sjödin, Parida V. Servitization of Global Service Network Actors-a Contingency Framework for Matching Challenges and Strategies in Service Transition [J]. Journal of Business Research, 2019, 104: 461 –471.

[179] Ren S, Zhang Y, Sakao T, et al. An Advanced Operation Mode with Product – Service System Using Lifecycle Big Data and Deep Learning [J]. International Journal of Precision Engineering and Manufacturing – Green Technology, 2021: 1 –17.

[180] Sandberg K E. Enabling Service Innovation: a Dynamic Capabilities Approach [J]. Journal of Business Research, 2013, 66 (8): 1063 –1073.

[181] Schmitz H. Transitions and Trajectories in the Build - Up of Innovation Capabilities: Insights from the Global Value Chain Approach [J]. Asian Journal of Technology Innovation, 2007, 15 (2): 151 –160.

[182] Shahi V J, Masoumi A, Franciosa P, et al. A Quality – Driven Assembly Sequence Planning and Line Configuration Selection for Non – Ideal Compliant Structures Assemblies [J]. International Journal of Advanced Manufacturing Technol-

ogy, 2020, 106 (1 - 2): 15 - 30.

[183] Strauss A, Corbin J. Basics of Qualitative Research [M]. Sage Publications, 1990.

[184] Sturgeon T, Van Biesebroeck J, Gereffi G. Value Chains, Networks and Clusters: Reframing the Global Automotive Industry [J]. Journal of Economic Geography, 2008, 8 (3): 297 - 321.

[185] Sun Cw, Li Z. Carbon Efficiency and International Specialization Position: Evidence from Global Value Chain Position Index of Manufacture [J]. Energy Policy, 2019, 128 (5): 235 - 242.

[186] Tanaka K, Inoue T, Matsuhashi R, et al. Global Value Chain Assessment Based on Retrospectively Induced Economic Costs Associated with Technology Application: a Case Study of Photovoltaic Power System in Japan [J]. Journal of Cleaner Production, 2018, 181: 460 - 472.

[187] Thangavelu S M, Wang W, Oum S. Servicification in Global Value Chains: Comparative Analysis of Selected Asian Countries with Oecd [J]. Social Science Electronic Publishing, 2018, 41 (11): 3045 - 3070.

[188] Tukker A. Eight Types of Product - Service System: Eight Ways to Sustainability? Experiences from Suspronet [J]. Business Strategy and the Environment, 2010, 13 (4): 246 - 260.

[189] Tversky K A. Prospect Theory: An Analysis of Decision under Risk [J]. Econometrica, 1979, 47 (2): 263 - 291.

[190] Ulaga W, Kohli A K. The Role of a Solutions Salesperson: Reducing Uncertainty and Fostering Adaptiveness [J]. Industrial Marketing Management, 2017, 69 (S1): 161 - 168.

[191] Vandermerwe S, Rada J. Servitization of Business: Adding Value by Adding Services [J]. European Management Journal, 1988, 6 (4): 314 - 324.

[192] Vargo S L, Lusch R F. Evolving to a New Dominant Logic for Marketing [J]. Journal of Marketing, 2004, 68 (1): 1 - 17.

[193] Visnjic I, Van Looy B. Manufacturing Firms Diversifying into Services: a Conceptual and Empirical Assessment [C]. Proceedings of the 20th Poms Conference, Orlando, Florida, 2009.

[194] Wang E, Alp N, Shi J, et al. Multi - Criteria Building Energy Performance Benchmarking through Variable Clustering Based Compromise Topsis with

Objective Entropy Weighting [J]. Energy, 2017, 125: 197 –210.

[195] Xia Y, Tan D, Wang B. Use of a Product Service System in a Competing Remanufacturing Market [J]. Omega – international Journal of Management Science, 2020: 102387.

[196] Zaheer A, Gözübüyük R, Milanov H. It's the Connections: the Network Perspective in Interorganizational Research [J]. Academy of Management Perspectives, 2010, 24 (1): 62 –77.

[197] Zhang J S, Qi L Q, Wang C D, et al. The Impact of Servitization on the Environmental and Social Performance in Manufacturing Firms [J]. Journal of Manufacturing Technology Management, 2022, 33 (3): 425 –447.

后　记

　　写到本书后记时，我意识到已将自己想要表达的内容都完整呈现了。这本书为我提供了表达观点的平台，同时，出版过程中我还获得了许多新的启示。

　　创作的过程既富有挑战性，又赋予了我难以言喻的成就感。写这本书的过程中，我遇到了许多支持我的人。感谢我的恩师綦良群教授在整个撰写过程中给予我的指导与关心。经师易求，人师难得，恩师的悉心指导与谆谆教诲消除了我科研道路上所有的崩溃与绝望，助我解决了无数的学术难题。承蒙师恩厚爱，导我以狭路，示我以通途，言传身教之恩，必将岁岁年年感念于心。感谢哈尔滨工程大学徐建中教授、哈尔滨理工大学王宏起教授、高长元教授、陈东彦教授、王宇奇教授、王莉静教授、马晶梅教授对这本书提出的宝贵意见与指导。感谢师姐王莉静、徐晓薇、蔡渊渊、李庆雪、周凌玥、高文鞠，师兄王卫、王成东、张昊、王琛，师妹吴佳莹、刘晶磊、王曦研、王智慧，师弟于金闯、王金石、綦天熠、朱显宇，以及徐莹莹副教授、吕希琛副教授，山水一程，庆幸之至，感激撰写本书的时候能有他们相伴。感谢家人对我的付出与关爱，感谢不曾放弃的自己。

　　最后，我衷心地希望这本书能够触动读者的心灵，帮助他们更好地理解企业全球价值链升级以及服务化战略，也希望本书能够为更多人带去启迪。